Wissenschaftliche Beiträge aus dem Tectum Verlag

Reihe Philosophie

Wissenschaftliche Beiträge
aus dem Tectum Verlag

Reihe Philosophie
Band 36

Pia Lütkebomert

Herbert Marcuse in der Theoriediskussion um die sexuelle Befreiung der Frau

Eine Spurensuche in heutigen feministisch-utopischen Theorien

Mit einem Vorwort von Prof. Dr. Jan Slaby

Tectum Verlag

Pia Lütkebomert
Herbert Marcuse in der Theoriediskussion um die sexuelle Befreiung der Frau. Eine Spurensuche in heutigen feministisch-utopischen Theorien
Wissenschaftliche Beiträge aus dem Tectum Verlag
Reihe: Philosophie; Bd. 36

ISBN 978-3-8288-4362-2
eBook 978-3-8288-7319-3
ISSN 1861-6844

Coverabbildung: © Herbert Marcuse Archiv, Frankfurt am Main

Druck und Bindung: Docupoint, Barleben
Printed in Germany

Besuchen Sie uns im Internet
www.tectum-verlag.de

Bibliografische Informationen der Deutschen Nationalbibliothek
Die Deutsche Nationalbibliothek verzeichnet diese Publikation in der Deutschen Nationalbibliografie; detaillierte bibliografische Angaben sind im Internet über http://dnb.d-nb.de abrufbar.

Geleitwort

In Zeiten von *#MeToo* wirkt das Thema „sexuelle Befreiung der Frau" wie aus der Zeit gefallen, oder man könnte sagen, der Sinn des Slogans hat sich radikal verschoben: nicht länger Befreiung der Frau *zur* sexuellen Entfaltung, sondern Befreiung der Frau *von* ubiquitärer sexualisierter Gewalt. Doch gerade in einem veränderten gesellschaftlichen Klima kann es sinnvoll sein, eine unzeitgemäße Betrachtung anzustellen und sich jener Seite des Themas erneut zu näheren, welche die 1960er Jahre in Atem hielt. Pia Lütkebomert begibt sich auf den folgenden Seiten auf eine solche ungewöhnliche Spurensuche. Und als ob sie das Unzeitgemäße auf die Spitze zu treiben gedenkt, hat sie Herbert Marcuse als zentralen Bezugsautor gewählt.

Der vorliegende Text befasst sich mit dem Einfluss der Arbeiten Marcuses auf die Frauenbewegung, wobei die Frage der „sexuellen Befreiung der Frau" seit den 1960er Jahren im Zentrum der Betrachtung steht. Pia Lütkebomert bietet einerseits eine historisch situierende Rekonstruktion, andererseits einen aus gegenwärtiger Perspektive vorgenommenen Theorievergleich. Marcuses Denken – insbesondere seine freudo-marxistisch inspirierte Konzeption einer alternativen Gesellschaft (*Great Society*) – wird auf Potenziale für heutige und künftige feministische Theoriebildung befragt. Zu diesem Zweck situiert die Verfasserin ihr Material mehrfach: zeitgeschichtlich, theoriegeschichtlich sowie abgrenzend gegen einen gegenwärtigen Forschungsstand in bestimmten Feldern des Feminismus. Nach einer umsichtigen und erhellenden Rekonstruktion zentraler Gedanken Marcuses, erfolgt ein Vergleich der Position Marcuse mit zwei sehr unterschiedlichen, wie die Verfasserin es nennt, „utopischen Ansätzen der sexuellen Befreiung der Frau aus feministischer Perspektive": den Überlegungen des spanischen Queer-Theoretikers Paul B. (früher: Beatriz) Preciado einerseits, und denen der US-amerikanischen Vertreterin der Kritischen Theorie, Amy Allen, andererseits.

Selten wird heute überhaupt noch zu Marcuse gearbeitet, geschweige denn über seine Ausführungen zur Emanzipation der Frau. Die Fokussierung auf die sexuelle Befreiung ergibt auf dieser Grundlage allerdings guten Sinn, kann doch Marcuses kritisches utopisches Denken als eine Form des Hedonismus und insbesondere als eine Bewegung zur Befreiung beziehungsweise Freisetzung somatisch-sinnlicher Lüste gelesen werden. Aus feministischer Sicht stand und steht Marcuse dabei allerdings unter berechtigtem Verdacht, ein essentialistisch verkürztes und verklärendes Frauenbild zu zeichnen, das sich bestenfalls in Nuancen vom chauvinistischen Mainstream der 1968er-Bewegung unterscheidet. Dazu bietet Pia Lütkebomert passende kritische Überlegungen, flankiert von informativen zeitgeschichtlichen Ausführungen zur Frauenbewegung im SDS. Ungewöhnlich an der vorliegenden Studie sind aber vor allem auch die zu Vergleichszwecken herangezogenen Positionen: Die Position Preciados mag unter Umständen ansatzweise zu Marcuse passen aufgrund der ungehemmten Ausformulierung „kontrasexueller" Praktiken, ist aber im akademischen Mainstream bisher – vielleicht aufgrund ihrer expliziten Schilderungen und Kanonisierungsversuche in einem „hardcore"-Register – kaum diskutiert worden. Die unterstützend herangezogene Position Amy Allens mag im Vergleich zu Preciado zunächst wie ein akademistisches Konstrastiv wirken. Allerdings hilft der Abschnitt zu Amy Allen, Marcuse rückblickend in den verzweigten Theoriegefilden der kritischen Theorie zu verorten, zu deren heutigen Vertreter*innen Amy Allen zählt.

Neben dem Aktualisierungswert bezüglich Marcuses unabgegoltenen Gedanken zur Emanzipation in einem utopischen Register besticht die vorliegende Studie damit, dass die Rekonstruktionen des Primärmaterials von dichten und ausgreifenden Bezügen auf eine Menge gut recherchierter Sekundärliteratur flankiert sind. Dass der Text trotzdem nicht trocken-akademisch, sondern schwungvoll und anschaulich wirkt, ist ein großes Verdienst der Verfasserin. Dass sich Pia Lütkebomert mit ihren eigenen Deutungen und Argumentationen daneben bisweilen zurück hält, ist verständlich – soll doch zunächst das historische Material zum Sprechen gebracht werden. Der Verfasserin gelingen dabei eine Reihe einsichtsvoller Rekonstruktionen wesentlicher Gedankengänge, eingebettet in eine umfassende Situierung des

Materials – zeit- und theoriegeschichtlich einerseits, in der Marcuse-Rezeption andererseits. Besonders überzeugend wird die vielleicht zentrale kritische Überlegung Marcuses herausgearbeitet: die fundamentale Verstricktheit des lustfähigen (Frauen-)Körpers in die kapitalistische Gesellschaftsmaschinerie und deren repressive Wirkungen, die sowohl gesellschaftliche Macht- und Dominanzverhältnisse betreffen als auch die Entwicklung und Entfaltung der Sinnlichkeit. Damit erhält das Thema „sexuelle Befreiung der Frau" einen breiten historisch-theoretischen Kontext, der insbesondere in neueren akademischen Zugriffen oft nicht in dieser Schärfe herausgestellt wird. Durch diese Textpassagen weht ein frischer Wind, der noch einmal den Spirit der früheren kritischen Theorie in ihren für einen zeitgemäßen Feminismus wichtigsten Aspekten mobilisiert. Hier merkt man Pia Lütkebomert an, dass sie sich von Marcuse auch durch den gewachsenen historischen Abstand hindurch hat inspirieren lassen – das Text wirkt entsprechend kraftvoll und bisweilen mitreißend. Vielleicht hätte daneben die Frage nach dem historischen Index von Marcuses Thesen etwas mehr Gewicht verdient. Andererseits gelingt es der Verfasserin gerade mit ihrem rückhaltlos aktivierenden Zugriff, etwas von der einst befreienden Wirkung von Marcuses Denken in unsere theoretisch erschlaffte Gegenwart hinüber zu retten. Der Text setzt damit einen erfrischen Akzent gegen einen defensiven, aus der Opferrolle und im Anklagemodus sprechenden Feminismus, und plädiert für einen Feminismus, der aufs Ganze geht. An der Gegenwartsrelevanz – und sexualrevolutionären Sprengkraft – des Textes besteht in sofern kein Zweifel.

Jan Slaby (FU Berlin)

Inhaltsverzeichnis

1. Einleitung

„Man müßte einen internationalen Fick-Tag haben
& einen Trupp Beatnik F (für Frieden) Mädchen
Fickt für den Frieden"
[eigene Hervorhebung]
(Kupferberg 1969: 239; zitiert nach Ott; Pfäfflin 1998)

In der vorliegenden Arbeit lege ich dar, welchen Mehrwert Marcuses Überlegungen zur sexuellen Befreiung der Frau angesichts aktueller Theoriedebatten im Bereich feministischer Gesellschaftsentwürfe hat und inwieweit sich seine Schwerpunkte, Negation der gegenwärtigen Gesellschaft und weibliche Emanzipation, in zeitgenössischen Theorien wieder finden lassen.

Sexuelle Befreiung der Frau ist seit Anbeginn eines der zentralen Ziele des Feminismus' (vgl. Coole 2015: 530). Abzulesen ist dies etwa an antiken Erzählungen wie die über Lysistrate, welche Sex-Entzug für sich im Krieg befindende Ehemänner vorsah (vgl. Radt 1974: 9) oder Lady Godiva, die ihren Ehemann davon abhalten konnte, Steuern von der armen Landbevölkerung zu erheben (vgl. Veneracion-Rallonza 2014: 254).

Ebenfalls exemplarisch sind beiden bisherigen Frauenbewegungen: So waren Frauen vor der Ersten Frauenbewegung Mitte des 19. Jahrhunderts Eigentum von Mann und Vater und ihnen ermangelte es an bürgerlichen und politischen Rechten. Es war das Ziel der Frauen, Zugang zu Bildung und Erwerbsarbeit zu erlangen (vgl. Coole 2015: 539). Nachdem diese Rechte für Frauen durchgesetzt werden konnten, zielte die Zweite Frauenbewegung ab Mitte der 1960er Jahre u.a. auf Liberalisierung der Sexualmoral, ein Recht auf Abtreibung, eine verbesserte Situation für allein erziehende Frauen und ein Recht auf Selbstbestimmung über den eigenen Körper (vgl. Coole 2015: 531). Während die Erste Frauenbewegung ihre Kraft vor allem aus dem täglichen Erleben der Ohnmacht gegenüber dem Patriarchat schöpfte (vgl. Schmincke 2015: 201–202), wurden die Bestrebungen der Zweiten

Frauenbewegung um 1968 (vgl. Schmincke 2015: 203–204) theoretisch angereichert und begleitet: Damals begehrten die jungen Leute gegen konservative Strukturen und die Elterngeneration auf und glaubten, dass mittels einer befreiten Sexualität die Welt gerettet werden kann (vgl. Sigusch; Weber 2017). Den theoretischen Unterbau für den im Wesentlichen studentischen Protest[1] lieferte v.a. Herbert Marcuse[2]: „Marcuse war der Verkünder einer friedlichen, harmonischen und lustvollen Welt, die greifbar nahe schien, wenn man ihm vollen Glauben schenkte" (Heider 2014: 33). Er analysierte die Gegenwart als totalitär und sah mittels kognitiver Prozesse, eines sich unter Einsatz des eigenen Körpers und einer Umerziehung unter Zuhilfenahme einer ‚Politik von unten' eine neue Gesellschaftsform vor. Marcuse sah im Besonderen in Frauen großes Potenzial, die Gesellschaft zu transformieren, weil dank ihrer ‚feministischen Qualitäten'[3], die Gesellschaft bereichert werden kann.

Das feministische 1968 begann mit der Rede der SDS-Delegierten Helke Sander, die auf der 23. Delegiertenversammlung im September 1968 die männlichen Strukturen im SDS kritisierte. Gegen Ende ihrer Rede erhob sich die das SDS-Mitglied Sigrid Rüger und schleuderte aus dem Plenum Tomaten gen Podium (vgl. Ehmsen 2008: 91). Mit Blick auf das momentane Geschehen scheint sich die Wahrnehmung von Feminismus in einem Dilemma zu befinden: Einerseits bekommen Männer Konrad zufolge, „was sie begehren. Frauen versuchen derweil, so wie Männer zu sein, was sie dazu zwingt, ihre emotionalen Bedürfnisse zu verschweigen und nach außen hin eine Fassade aufrechtzuerhalten, die sie nicht bedürftig wirken lässt" (Konrad 2018: 140).

Beispielhaft für die Entwicklungen gen Machtlosigkeit von Frauen sind etwa die verbalen Attacken Donald Trumps, dass es u.a. vertretbar sei, Frauen in Schritt zu greifen (vgl. unbekannter Autor 2016) oder

1 Daneben gab es eine Schüler- (vgl. Siegfried 2018: 176ff.) und eine Lehrlingsbewegung (vgl. Siegfried 2018: 183ff.).

2 Neben ihm erlebten die Schriften des Freudomarxisten Wilhelm Reichs ein Comeback, während etwa Jürgen Habermas der gesamten Bewegung sehr kritisch gegenüberstand.

3 Rezeptivität, Sensibilität, Ruhe und Freude – hierauf gehe ich in Kapitel 3d noch näher ein.

bundesweite Proteste gegen die Initiative Lebensschutz der AfD (vgl. Zekri 2017: 9), aber auch die bekannt gewordenen sexuellen Belästigungen in Hollywood. Naomi Wolf zufolge sind sich die Männer darüber im Klaren, dass ihre Vorherrschaft zu bröckeln beginnt und sie es nun als ihre Aufgabe sehen, hiergegen anzukämpfen: „As they would for heirs of any lost empire […] the old order's obsolete social forms and rituals of entitlement are taking on, in the eyes of men, a wild glamour, and provoking a fierce nostalgia akin to the nationalism of a people entering exile" (Wolf 1994: 20). Dies zeigt, dass die von der Zweiten Frauenbewegung aufgeworfenen Probleme noch immer nicht gelöst sind. Verantwortlich für den Wandel hin zur Wiederbelebung konservativer Werte ist Wolf zufolge zum einen, dass die Idee unpopulär wurde, Frauen aufgrund ihres Menschseins dieselben Rechte zuzusprechen wie Männer sie besitzen. Daher wurde es für westliche Staaten einfacher und sicherer, Frauen separate Bereiche zuzuschreiben „than to fight for more power to restructure the system as women saw fit" (Wolf 1994: 188). Zweitens wurden Frauen derart sozialisiert, dass ihnen ‚männliche' Macht Angst bereite (vgl. Wolf 1994: 190).

Andererseits formieren sich weltweit feministische Allianzen, die sich gegen Misogynie, Rassismus, Nationalismus, Sexismus und Homophobie auflehnen. Zu nennen ist hier etwa die Pussy-Hat Kampagne anlässlich der Inauguration Donald Trumps, weitere Beispiele sind etwa die Body Positive Kampagne von Lena Dunham oder auch die geschlechtsneutrale sexuelle Freiheit, wie sie die Sexualwissenschaftlerin Laura Méritt vertritt (vgl. unbekannter Autor 2015). Diese Tendenzen bestätigen Körbitz' Erkenntnis, dass es wichtig ist, einen „kollektiven, gruppenbezogenen Raum[es]" zu eröffnen, „der es erlaubt, Unbewußtes bewußt werden zu lassen; ein Raum, in dem die ‚Bewegung' zum Ziel eines Erkenntnisprozesses wird, der sich nicht primär an das singuläre ‚Ich' richtet, sondern dazu auffordert, Gemeinsamkeiten herzustellen beziehungsweise die Hintergründe unterschiedlicher Interessenlagen durchschaubar werden zu lassen" (Körbitz 1997: 264). Da dies in Anbetracht der aktuellen Tendenzen nicht möglich ist, bedarf es eines gesellschaftlichen Neuanfangs, der mit einer Utopie beginnt, wie ihn eine Vielzahl an feministische Utopie-Belletristik bereits eröffnet[4]. Ein weiterer Grund für gesellschaftlichen Neuanfang besteht für Coole darin, Frauen aus der vom Neoliberalismus auferlegten Sklaverei zu befreien (vgl. Coole 2015: 542), die in sexueller und sexualisierter Gewalt, Sexismus und Belästigung besteht. Mit der Kontrolle der weiblichen Sexualität durch Männer werden Frauen dazu genötigt, sich als von ihnen abhängig wahrzunehmen und sie somit weiterhin Macht über Frauen haben: „Eine Frau, die Lust empfindet, ist gefährlich" (Schmidt 2017). In Hinblick auf die sexuelle Befreiung der Frau im Rahmen einer gesellschaftlichen Utopie ist es Moeller-Gambaroff zufolge entscheidend zu differenzieren, „zwischen den herrschenden patriarchalischen Normen und Praktiken und der Tatsache, daß Männer – […] – ebenfalls auf spezifische Weise in unserer Gesellschaft ausgebeutet werden. Wir begegnen dem Patriarchat im Hier und Heute in seiner untrennbaren Verflechtung mit dem kapitalistischen System und seiner bereits automatisierten Eigendynamik, die längst nicht mehr den Bedürfnissen der Männer entsprechen kann" (Moeller-Gambaroff 1977: 1–2).

Um den Wandel zugunsten der sexuellen (und damit verbundenen geistigen) (vgl. Stokowski 2016: 143) Befreiung der Frau zu verdeutlichen, bediene ich mich der aus Marcuses Schriften entnommenen *Trias*, bestehend aus der Beschreibung des Status quo, in welchem Sex im Wesentlichen der Reproduktion dient. Im Rahmen der Erwerbsarbeit schürt die moderne Industriegesellschaft immer neue Bedürfnisse des Konsums, weswegen den Menschen in der Konsequenz ihre Unterwürfigkeit gar nicht mehr bewusst ist. Somit bleiben die eigentlichen Bedürfnisse der Menschen (etwa Liebe und Autonomie) auf der Strecke, der *eindimensionale Mensch* ist entstanden. Daraus erwachsen in den Menschen die kognitiv geleiteten Prozesse der *Großen Weigerung* gegen das totalitäre System, sowie die Erkenntnis, dass ein Leben in einer selbstbestimmten Gesellschaft unabdingbar ist, um sexuell frei zu sein. So ist es Marcuse zufolge das neue *wahre Bedürfnis* der Menschen, die alte Gesellschaftsform mit all ihren Widersprüchen zu negieren. So bekannte Marcuse in einem Interview: „Ich bin zu der Ansicht gekommen, daß die Frauen in der Klassengesellschaft die Möglichkeit eines

4 Zu nennen ist hier Parley J. Coopers *Die Feministinnen* (1971), aber auch Sheri S. Teppers *The Gate to Women's Country* (1988), Ursula Le Guins *Planet der Habenichtse* (1974) und zuletzt erschien ist von N.K. Jemisins *The Fifth Season* (2015).

solchen nicht repressiven Realitätsprinzips verkörpern" (unbekannter Autor 2000: 112). Mithilfe dieses Potenzials soll Marcuse zufolge die *Great Society* entstehen, in welcher sämtliche Formen des sexuellen Ausdrucks denkbar sind und in welcher jeder Mensch gemäß den eigenen Fähigkeiten einen gesamtgesellschaftlichen Beitrag zu leisten vermag: „he is searching for the universal essence of man, that quality in man which allow him to realize himself in human freedom by overcoming the alienated world which he himself has created" (Lipshires 1974: 28). Dahinter steckt die marxistische Grundannahme, dass „as long as capitalism remains the dominant mode of production, it is impossible fully to understand the forces that oppress women and shape the relations between men and women" (Gimenez 2005: 11–12).

Eine marginale Seite der zeitgenössischen Ansätze (Vertreterinnen: Naomi Wolf, Diana Coole und Nancy Fraser) beabsichtigt zur sexuellen Befreiung der Frau eine „schöne Gesellschaft freier Schurk_innen", getragen von Frauen, „die sich weigern, ‚schön und brav zu sein', und die sich in der Kunst des Nein-sagens üben" (Hark 2013: 71). Für Coole zeichnet sich eine weibliche Subjektposition durch „a more open, playful, engaged and decentered orientation" aus, „which is both more creative and more pleasurable, because it evokes the heterogenous and the nonrational in knowing and laying down meaning", sofern es sich hierbei nicht um einen Widerspruch in sich handelt (Coole 1998: 122). Die dominierende Spielart, insbesondere durch Laurie Penny und Catharine A. MacKinnon vertreten, schürt die Stigmatisierung der Frau als Opfer. Schuld an diesem mangelndem Mut der zeitgenössischen Theorie, eine Utopie zu entwerfen, hat Roedig zufolge Judith Butlers Buch *Gender Trouble* zu Beginn der 1990er Jahre: Seitdem „galten Geschlecht und Sex als kulturelle performance" (Roedig 2013: 29).

Beginnen möchte ich mit dem Stand der Forschung zu ausgewählten zeitgenössischen Theorien der sexuellen Befreiung der Frau. Hier beziehe ich mich auf Catharine A. MacKinnon, Nancy Fraser und Naomi Wolf. Die US-amerikanische Anwältin und Feministin bezweifelt, in Anbetracht der männlichen Vormachtstellung und des Scheiterns der Zweiten Frauenbewegung, dass Frauen sexuell befreit sein können; es sei denn, es kommt zu einem juristischem Wertewandel. Mit dem Postsozialismus eröffnet die Philosophin und Feministin

Nancy Fraser zwar einen Gegenentwurf zum gegenwärtigen Kapitalismus, jedoch fußt ihre Utopie auf einer diskursgerichteten Öffentlichkeit. Zuletzt stelle ich mit dem Power-Feminismus den Kern der emanzipatorischen Theorie Naomi Wolfs vor, welcher ein positives Gesellschaftsbild kreiert, dem es jedoch an weiterer theoretischer Untermauerung ermangelt.

So beschränke ich die Analyse auf Beatriz Preciado und Amy Allen: Preciado charakterisiert die gegenwärtige Situation als heterozentristisch. Eine Besserung gestaltet sich für Preciado in Gestalt der Dildo-zentrierten Kontra-Sexualität, welche sich der Binarität geschlechtlicher Zuschreibungen entsagt. Um dies zu erreichen, werden derzeit als abnormal geltende sexuelle Praktiken zur Doktrin. Kennzeichnend für diese Praktiken, die ich im 4. Kapitel näher beschreibe, ist eine Loslösung der körperbezogenen Interaktion, vielmehr manifestiert sich dies im Dildo und in schmerzhaften Handlungen an sich selbst und untereinander. Preciado beschreitet mit der Gegenstands- und Anus-Zentriertheit einen neuen Weg, weil es damit zu einer Aneignung der kapitalistischen (Produktions-)Logik kommt, wenngleich die Reproduktion eingeschränkt ist, diese allerdings überhöht und Sexualität einen subversiven, die Gesellschaft durchdringenden Charakter bekommt. Ökonomisch sieht Preciado vor, die Gesellschaft auf Null zu setzen, da jede Form des Eigentums der gesamten Gesellschaft zugeführt wird. Im Rahmen dessen verliert das einstige gesellschaftliche Ideal, der *Playboy* (in Anknüpfung an das gleichnamige Männermagazin) seinen Reiz.

Amy Allen geht von einer ungerechten Welt aus, in welcher Frauen das Nachsehen haben. Auf Basis der Analyse bisheriger Ansätze, die sich entweder auf domination oder auf empowerment konzentierten (und somit einseitig sind), besteht ihre Lösung in einem hegemonialkritischen Tool-Kit, mit deren Hilfe Frauen die männliche Dominanz überwinden und sie sich untereinander solidarisch zeigen. Zu betonen ist, dass Allen nicht die primäre Absicht eines Utopie-Entwurfes verfolgt, sondern eher die Vorarbeit leistet, welche sich in das gegenwärtige kapitalistische System integrieren lässt, so nichtsdestotrotz die alte Gesellschaft negiert. Ferner helfen ihr hierbei die Vorder- und Hintergrundperspektive, eine Selbsttransformation der Gesellschaft zu erreichen.

Bevor ich die beiden letztgenannten Theorie-Utopien in Rückgriff auf Marcuses Begriff der sexuellen Befreiung der Frau analysiere, illustriere ich kurz zwecks der besseren Einordnung Marcuses, die Studierendenproteste um 1968 in der BRD, die sich ebenfalls zu der Zeit sich ereigneten Kulturrevolution, wobei ich hier im Wesentlichen auf die feministischen Entwicklungen eingehe und auf die Ursprünge des psychoanalytisch-marxistischen Denkens, an welche Marcuse anschließt. Hier beschränke ich mich auf Alfred Adler, Helene Deutsch und Wilhelm Reich. So konzentriert sich Adler auf die Machtlosigkeit von Kindern gegenüber den Eltern und Frauen gegenüber dem Partner, während sich Deutsch für den Prozess der Frau-Werdung und den Einfluss des Vaters auf die sexuelle Entwicklung der Frau interessiert. Die Kernaussage Reichs ist, dass Sexualität die Basis der ganzheitlichen Gesundheit darstellt. Im Anschluss an diese Hinführungen lege ich Marcuses Begriff der sexuellen Befreiung der Frau unter Zuhilfenahme der oben beschriebenen Trias dar, welche auch Analyse-Grundlage für Preciado und Allen ist. Diese Arbeit präsentiert Marcuse als Feminist, deren Absicht es ist, das Selbstverständnis von Frauen als eigenständige Individuen zu stärken und sie keinesfalls im Status der Hausfrau bzw. monoton Arbeitenden belässt. Dies ändert sich, durch Frauen initiiert und getrieben, in der *Great Society*, in welcher die weiblichen Qualitäten die vorherrschende Staatsmaxime sind, gepaart mit dem Arbeitsverständnis, wonach es ausreicht, wenn sich jede*r gemäß der eigenen Fähigkeiten einbringt. Nach der Analyse fasse ich die Arbeit und das Ergebnis kurz zusammen, lege die Bedeutung für weitere Forschung dar und gebe einen Ausblick auf weitere Forschungsfragen. Anschlussfähig sind Arbeiten, die sich mit safe spaces aus heterosexueller Perspektive auseinandersetzen, aber auch Forschung, die die gesellschaftliche Problemlösungskompetenz des *klitoralen* Orgasmus in Anknüpfung an Anne Koedt ergründet, ergänzt im eine Interpretation Marcuses. Zuletzt ergründe ich in Polyamorie eine Art sexueller Freiheit.

2. Stand der Forschung

Im Folgenden illustriere ich mit Catharine A. MacKinnon, Nancy Fraser und Naomi Wolf drei Theoretikerinnen, die sich aus unterschiedlichen Perspektiven mit dem Thema der sexuellen Befreiung der Frau befasst haben und welche aus unterschiedlichen Gründen relevant sind, aber aus verschiedenen Gründen nicht berücksichtigt werden können.

Der Grundtenor MacKinnons Texte ist, dass alle Männer misogyn sind und ein erfülltes Sexualleben aus weiblicher Sicht undenkbar ist, weil dies stets im Kontext von Macht steht. Dass es jemals auf institutioneller und intimer Ebene zu Gleichheit von Männern und Frauen kommt, ist für sie „more dream than fact" (MacKinnon 1994; zitiert nach MacKinnon 2005: 44). Für sie symbolisiert Sex all das, was Männern Freude bereitet (vgl. MacKinnon 1990; zitiert nach MacKinnon 2005: 272) und profiliert sich als alle Bereiche des sozialen Lebens durchdringende Dimension, „along which gender pervasively occurs and through which gender is socially constructed [...]. Dominance eroticized defines the imperatives of its masculinity, submission eroticized defines its femininity" (MacKinnon 1989: 318).

Der höhere Status des Mannes wird für sie mithilfe von Geschlechtszuordnungen aufrecht erhalten und findet ihren Ausdruck in der „sexualization of aggression" (MacKinnon 1990; zitiert nach MacKinnon 2005: 273). Jene Zuordnung erhält eine Normalisierung, wodurch Frauen zu Objekten männlichen Vergnügens werden: „Women can have abortions so men can have sex" (MacKinnon 1991; zitiert nach MacKinnon 2005: 129) und dass Frauen geboren werden, um von Männern degradiert zu werden und letztlich sterben (vgl. MacKinnon 1991; zitiert nach MacKinnon 2006: 76). Die alltägliche Sexualität gestaltet sich ihrer Meinung nach so, dass aus Männlichkeit und Weiblichkeit ein mit Aggressionen angereichertes Kontinuum entsteht. Diese Aggression schlägt in Gewalt gegen Frauen um und äußert sich weltweit in Vergewaltigung, sexueller Belästigung, Kindesmissbrauch, Prostitution, Schlägen, Pornographie und sexualisiertem Mord (vgl. MacKinnon 1991; zitiert nach MacKinnon 2006: 109). In der Folge können Frauen ihrer Meinung nach keine eigene Sexualität entwickeln, weil sie sich selbst immer in Abhängigkeit von Männern definieren (vgl. MacKinnon 1989: 331). Diese Abhängigkeit führt dazu, dass es diese von Männern auferlegte Objektrolle ist, die überhaupt erst weibliche Wesen als Frauen definiert (vgl. MacKinnon 1983; zitiert nach MacKinnon 1987: 50). So wird Frauen glaubhaft gemacht, dass Sex etwas ist, das Männer mit Frauen machen: „Women at most approve that initiation or don't. At least, that is the dominant model, and it is built into the rape law" (MacKinnon 1980; zitiert nach MacKinnon 2017: 13).

Dass Frauen zunehmend Gefallen an sexueller Ohnmacht finden, sieht sie als Konsequenz der sexuellen Befreiung, die die Zweite Frauenbewegung versuchte zu bringen. Für MacKinnon bedeutet die befreite weibliche Sexualität einen ‚Freifahrtsschein' für sexuelle männliche Aggression: „During this period, it appears that the actual level of sexual abuse to which women are subjected may have escalated" (MacKinnon 1990; zitiert nach MacKinnon 2005: 274). Es gibt ihr zufolge sehr wenige Gesetze, die Frauen schützen, vielmehr ist die Unterordnung von Frauen bereits institutionalisiert und eine Gleichheit aller ist nicht existent. Andernfalls wären die Gesetze zugunsten der Frauen, jedoch ist dies in patriarchalen Strukturen nicht vorgesehen: „The lack of laws against the harms women experience in society because we are women, such as most of the harms of pornography, also violates human rights. Women are human there, too" (MacKinnon 1990; zitiert nach MacKinnon 2006: 27). Weiterhin deutet sie diese Einschätzung so, dass Frauen aus Sicht des Patriarchats keine Macht und keine Sexualität gemäß würdigen Standards verdienen, „no is women's belief in our own dignity given the dignity or power of being regarded as a political ideology"

(MacKinnon 1990; zitiert nach MacKinnon 2006: 22). Als einzige Chance für Frauen erachtet MacKinnon institutionelle Unterstützung „both because of and in spite of the fact that power in women's hands is different from power in men's hands" (MacKinnon 1993; zitiert nach MacKinnon 2005: 42). Weiterhin kann ihrer Meinung nach das Rechtssystem ein Mittel sein „of legitimizing women's outrage and of promoting resistance to our status. If we are creative, it can be part of women's empowerment" (MacKinnon 1980; zitiert nach MacKinnon 2017: 22).

Sie ist wichtig für den Stand der Forschung, weil sie in der Stigmatisierung der Frau als Opfer verharrt und sinnbildlich für die damit verbundene Ohnmacht steht. In Anbetracht der vorliegenden Arbeit habe ich mich gegen MacKinnon entschieden, weil sie weibliche Sexualität per se verneint und ihre einzige Hoffnung auf eine Besserung einzig auf juristisch-institutionellen Wandel setzt.

Nancy Frasers Ausgangspunkt ist der von staatlicher Seite organisierte Kapitalismus „a social formation in which states played an active role in steering their national economies" (Fraser 2013a: 212). Hier werden soziale Fragen in verteilungspolitische Belange gefasst, „while social divisions were viewed primarily throgh the prism of class" (Fraser 2013a: 213). Entscheidend ist im hiesigen Wohlfahrtssystem, dass Frauenbelange kein Gehör finden. Stattdessen entwickelt dieses System Verfahrenswege „of interpreting women's needs and positioning women as subjects" (Fraser 1987: 108). Eine weitere Verstärkung der Exklusion der Frau entstand durch die Position der Hausfrau, da sie nicht Teil des Erwerbsarbeitslebens sein kann; aus Frasers Sicht wäre dies ein wichtiger Indikator für Unabhängigkeit (vgl. Fraser 2001: 192). Selbst wenn Frauen am Erwerbsleben teilhaben, werden sie schlechter bezahlt als Männer, weil diese im produzierenden und akademischen Gewerbe tätig sind: „The result is a gendered political economy, which institutionalises gender-specific forms of distributive injustice. In contrast, the recognition dimension of sexism is rooted in the status order" (Fraser/Hrubec 2004: 883). Des Weiteren „verschmolz die traditionelle sozio-juridische und politische Abhängigkeit der Frau mit ihrer jüngeren ökonomischen Abhängigkeit im sozialen Gefüge der Industriegesellschaft. Aus der vorindustriellen Ordnung war der Brauch

übernommen worden, daß Väter den Haushalten vorstehen und daß andere Haushaltsmitglieder durch ihn vertreten werden" (Fraser 1987: 196; zitiert nach Fraser 2001). Das Ergebnis dessen war eine androzentrische Ordnung, welche gender-spezifische Ungerechtigkeiten in Hinblick auf „misrecognition, including sexual assault, sexual harassment, and myriad forms of discrimination" (Fraser/ Hrubec 2004: 883) hervorruft.

In ihrem 2013 erschienenen Buch *Fortunes of Feminism* stellt Fraser die These auf, dass die derzeitige Krise des Neoliberalismus eine Möglichkeit darstellt, dass emanzipatorische Versprechen der Zweiten Frauenbewegung zu reaktivieren (vgl. Fraser 2013a: 225). So war es diese Generation, die den ‚Ökonomismus' zurückwies und auf eine Politisierung des Privaten plädierte: „Das hätte zu einer Ausweitung des Kampfes um Gerechtigkeit führen sollen, so dass dieser sowohl Kultur als auch Ökonomie umfasst hätte" (Fraser 2013b: 30). Hieraus zieht Fraser die Lehre, sowohl patriarchale Werte zu überwinden, als auch für die ökonomische Gerechtigkeit für Frauen zu kämpfen (vgl. Fraser 2013b: 31). Frasers 2001 dargelegte (und bereits 1994 begonnene) Utopie des Postsozialismus' beschreibt die Verteidigung „eines umfassenden integrativen, normativen und programmatischen Denkens", deren Aufgabe darin besteht „den allgemeinen ‚postsozialistischen' Verzicht auf ein solches Denken in der neueren politischen Kultur [zu] diagnostizieren und das begriffliche Fundament für eine Erneuerung [zu] legen" (Fraser 2001: 14). Charakteristisch für den ‚Postsozialismus' nach Fraser ist, dass dieser „die besten Einsichten des Sozialismus in sich vereint, anstatt sie zu verwerfen" (Fraser 2001: 15). Das entscheidend Neue hieran ist die Integration der sozialen, der kulturellen, der wirtschaftlichen und der diskursiven Dimension: „Das bedeutet zunächst, die Beschränkungen der modischen neostrukturalistischen Modell der Diskursanalyse aufzuzeigen, in denen die ‚symbolische Ordnung' von der politischen Ökonomie getrennt wird" (Fraser 2001: 17). Das Gesellschaftliche stellt für Fraser „ein Terrain der Auseinandersetzung" dar. Hier können „die Konflikte zwischen rivalisierenden Interpretationen von Bedürfnissen ausgetragen werden" (Fraser 1994: 241); dieser Raum kann auch dazu genutzt werden, „Forderungen nach staatlicher Versorgung" zu artikulieren: „Hier werden rivalisierende Konzeptionen umgeformt, rivalisierende Bedürfnisse werden um rivalisierende politische Initiativen herum geschlossen, und ungleich ausgestattete Gruppen konkurrieren darin, die formelle politische Agenda zu gestalten" (Fraser 1994: 263). Für Fraser definiert sich das Gesellschaftliche über die diskursiv angelegte Aushandlung der menschlichen Bedürfnisse besonders aus dem privaten, vormals unpolitischem, Bereich (vgl. Fraser 1994: 241).

Sie ist wichtig für den Diskurs um die sexuelle Befreiung der Frau, weil sie mit Akzentuierung auf die ökonomische Dimension eine Komponente berücksichtigt, die besonders in Zeiten von Globalisierung und Neoliberalismus relevant ist. Für die vorliegende Arbeit habe ich mich gegen Fraser entschieden, weil in ihrer Idee des Post-Sozialismus die sexuell befreiende Komponente zu kurz kommt.

Als Konsequenz aus dem Wiedererstarken des traditionellen Bildes des Mannes als Ernährers und konservativer Kräfte sieht Naomi Wolf mittels des Power-Feminismus' vor, männliche Dominanz zu überwinden. Konkret soll dieses Verständnis Frauen dazu animieren, die erlangte Macht zu behalten (vgl. Wolf 1994: 57). Deshalb kommt es jetzt darauf an, sich mit der Macht, samt der Verlockungen, Verantwortung, dem Demokratiebewusstsein (und den damit verbundenen Freuden und Risiken), zu arrangieren (vgl. Wolf 1994: 58): „Power feminism encourages us to identify with one another primarily through the shared pleasures and strengths of femaleness, rather than primarily through our shared vulnerability. It calls for alliances based on economic self-interests and economic giving back“ (Wolf 1994: 58). Wolf zufolge ist Power-Feminismus in der Lage, „adapt much of its wartime economy, based on the struggle for equal rights, into a peacetime economy centrd on money and work“ (Wolf 1994: 58). Daneben heißt der Power-Feminismus auch Männer willkommen und schätzt deren Platz im Leben der Frauen, Heterosexuellen und Homosexuellen wert und hat keine Probleme damit, den Unterschied von „hating sexism and hating men“ zu benennen (Wolf 1994: 58).

Sie ist wichtig für aktuelle Debatten um die sexuelle Befreiung der Frau, weil ihren Überlegungen ein empowerndes Moment innewohnt und somit die Perspektive für eine echte Befreiung, auch der ganzen Gesellschaft, eröffnet und somit im klaren Gegensatz zu MacKinnon steht. Zwar spricht für Wolfs Überlegungen in Anbetracht der vorliegenden Arbeit, dass sie Frauen Macht zuspricht und sie in ihrem Selbst bestärken will. Jedoch spricht gegen eine tiefergehende Analyse Wolfs, dass sie am Status quo nicht rüttelt und es sich mit der Annahme zu einfach macht, dass Männer ihren Stand in der Gesellschaft zugunsten der Frauen aufgeben bzw. zu reduzieren.

3. Herbert Marcuse und die sexuelle Befreiung der Frau

„Und das beste Mittel gegen
Sozialismus (sag ich laut)
ist, daß ihr den Sozialismus
AUFBAUT !!! Aufbaut ! (aufbaut)"
[eigene Hervorhebung]
(Biermann 1974; zitiert nach Jugendopposition in der DDR 1996)

3.1 Studierendenproteste um 1968 in der BRD

In den Anfangstagen war der SDS der Hochschulverband der SPD, 1959 kam es zu einem Bruch, weil sich die SPD von nun an als Volkspartei und nicht mehr als Partei der Arbeiter*innen (vgl. Voigts 2010: 29) bezeichnete. Ab 1961, im Rahmen des Unvereinbarkeitsbeschlusses, wonach der SDS ideologisch der illegalen KPD näher steht als der SPD, richtete sich der Fokus des SDS „auf Theoriebildung und rückte damit näher in Richtung der Kritischen Theorie" (Voigts 2010: 29). Dies veranlasste den SDS zu einer Neuerfindung, dessen Ergebnis war, „zum Sprachrohr der Protestierenden" zu werden (Butollo; Kufterath; Schalauske 2008: 1). Auf Basis des Studiums der Kritischen Theorie erarbeitet der SDS das Konzept der Gegenöffentlichkeit, das anfangs die Universität verändern wollte, „die durch Flugblätter und gezielte Protestaktionen Diskussionen über die Themen provozieren sollte, die der SDS aufbereitet hatte und die die Polarisierung der ohnehin vorhandenen Konflikte weiter verschärfen sollte" (Steffen 1998: 128; zitiert nach Kraushaar 1998b). Die Konsequenz dessen war eine „Konfrontation mit der Universitätsverwaltung, und später auch mit den Ordnungskräften des Staates" (Steffen 1998: 128; zitiert nach Kraushaar 1998b).

Es reichte den Studierenden bald nicht mehr, ihre Forderungen auf die Universität zu begrenzen, vielmehr sehen sie einen „erneuerten, nichtstalinistischen Sozialismus als Gegenentwurf zur schlechten Realität“ (Bittorf 1988a: 14) vor – andernfalls beugt man sich „den angepaßten Ansichten der Väter, Lehrer, Professoren“ (Bittorf 1988a:14). Der Wortführer der Studierendenbewegung, Rudi Dutschke, träumte gar von einem „durch direkte Rätedemokratie getragenes West-Berlin“ (Dutschke 1967c: 257; zitiert nach Kraushaar 1998a). Um dies zu erreichen, sah er einen unbewaffneten Kampf vor: „Wir stellen uns mit unseren unbewaffneten Leibern, mit unserem ausgebildeten Verstand den unmenschlichsten Teilen der Maschinerie entgegen, machen die Spielregeln nicht mehr mit, greifen vielmehr bewußt und direkt in unsere eigene Geschichte ein“ (Dutschke 1967c: 258; zitiert nach Kraushaar 1998a). Als ersten Angriff plante der SDS die Blockierung der Osterausgaben-Lieferung der Bild-Zeitung und der B.Z., denn jene Blockade trifft einen wichtigen gesellschaftlichen Nerv in Gestalt der „funktionale[n] Beherrschung der in Unmündigkeit und leidender Passivität gehaltenen Massen“ (Dutschke 1967c: 259; zitiert nach Kraushaar 1998a). Knapp einen Monat zuvor kam es zur Radikalisierung der Bewegung: Am 2. Juni 1967 besucht der Schah Persiens West-Berlin. Da aus Sicht linker Studierender Persien eine Diktatur ist, demonstrieren sie gegen den Besuch: „Dabei fiel ein Schuß, der den Studenten Benno Ohnesorg tötete und Hunderttausende traf“ (Bittorf 1988a: 17).

Am 11. April 1968 wurde Rudi Dutschke Opfer der seit Monaten andauenden Hetze des Springer-Konzerns gegen die Studierendenbewegung, „nur wenige Tage vor dem Attentat hieß es etwa, man solle die ‚Rädelsführer‘ ergreifen“ (Nabert 2018). An jenem Tag kommt Josef Bachmann auf ihn zu, fragt, ob er Rudi Dutschke sei, was Dutschke bejaht. Daraufhin „nimmt [Bachmann] schnell die Pistole aus der Jacke und schießt“ (Wesel 2002: 41). Am Abend werden mittels „Sitzblockaden, Menschenketten und Straßensperren“ die Auslieferung der Bild und der B.Z. gestoppt: Dabei soll auch ‚Gewalt gegen Sachen‘, sofern sie Springer gehören (Lieferautos zum Beispiel), erlaubt sein, um des Presselords Mitschuld an der Gewalt gegen Menschen zu vergelten“ (Bittorf 1988b: 24). Zu der Zeit wird Rudi Dutschke notoperiert, was sein Leben bis auf weiteres rettete[5]: „Draußen ist der Teufel los,

5 Er erlag Weihnachten 1979 seinen Verletzungen.

nicht nur in Berlin, in der ganzen Bundesrepublik. Die schwersten Unruhen in ihrer Geschichte, tagelang Tausende auf den Straßen, Auseinandersetzungen mit der Polizei, Angriffe auf Gebäude der Springer-Presse" (Wesel 2002: 42). Aufgrund der gewachsenen Medienpräsenz verlor sich der SDS in der Folge zunehmend im internen Chaos.

3.2 Kulturrevolution

Ihren Ursprung hat die Kulturrevolution in den politischen Verhältnisse ab 1966, als mit Kurt-Georg Kiesinger ein ehemaliges NSDAP-Mitglied zum Kanzler gewählt wurde (vgl. Schmidtke 1999/2000: 79), der „faktisch ohne Opposition" regiert: „CDU/ CSU und eine auf CDU-Kurs eingeschwenkte SPD" (Bittorf 1988b: 18–19). Auch angesichts der von ihm veranlassten Notstandsgesetze fühlen sich die Studierenden zurück ins Dritte Reich versetzt: „These laws regulate the use of power in crises such as natural disasters or war. President Paul von Hindenburg used them in 1930 and 1933 to create a government independet from parliament, after the democratic parties had lost the majority, and this had made it easy for Hitler to assume dictatorial power in 1933" (Schmidtke 1999/ 2000: 79). Dies mündete in einem „Aufstand gegen die ‚Vätergeneration' – das hieß eben auch Aufstand gegen die ‚unbewältigte Vergangenheit' des Nationalsozialismus" (Küenzlen 1994: 177); jene hegten allerdings, mehr als 20 Jahre nach dem Ende des Zweiten Weltkrieges den Wunsch, wieder zu Sittsamkeit und Ruhe zurückzukehren und keine kritischen Nachfragen zuzulassen (vgl. Gillen 2007: 110).

Um dieser Negation von der Elterngeneration Ausdruck zu verleihen, ist aus Sicht der Studierenden und Intellektueller ein tiefgehender und weitreichender gesellschaftlicher Bruch vonnöten, der seinen Ausdruck in der Kulturrevolution fand. Die hieraus entstandene Generation der „Sensiblen'[6] war müßig, sich auf sich selbst zu beschränken: „In den Symbolen der neuen Bewegung, vielmehr in der provokativen Verwendung historischer und exotischer Symbolzeichen, wird eine neue Form der psychologischen Beziehung zur Umwelt erprobt, eben

6 Sensibel in Hinblick auf gesellschaftliche Missstände.

jenes neue Realitätsprinzip, das ihnen permanent verweigert wird" (Reiche 1968: 438; zitiert nach Kraushaar 1998a). Diese Generation negierte „die kapitalistische Leistungs- und Konsumkultur" (Hecken 2006: 10), in welcher Pflichterfüllung die oberste Maxime ist (vgl. Siegfried 2008: 138) und befördert vielmehr „eine Gegenkultur, die unmittelbar Formen eines richtigen Lebens prägen soll. [...]. Die individuellen Anteile sollen getilgt werden, deshalb stellt man Techniken zur Erreichung kollektiven Glücks in den Vordergrund" (Hecken 2006: 10). Dem Wesen nach ist die Kulturrevolution „ungeduldiger, großzügiger, weniger leicht zufrieden als die ökonomisch-politische Revolution. Sie schließt nicht nur eine Aufhebung des Kapitalverhältnisses, sondern die Revolution aller Verhältnisse ein, in denen der Mensch zur Ware und die Ware zum Subjekt geworden ist: [...]. Die Kulturrevolution läßt tatsächlich keinen Stein auf dem anderen" (Schneider 1969: 4). Dass bereits ein paar Tomaten ausreichen, um Unordnung zu stiften und dem SDS ein Ende zu bereiten, wird im Folgenden aufgezeigt. So begann die Sexuelle Revolution in den Reihen des SDS: Frauen waren im SDS lange Zeit auf die Funktionen als ‚die Freundin von' oder für administrative Tätigkeiten vorgesehen, weswegen es ihnen nicht möglich war, ihre „subjektiven Bedürfnisse" zu äußern, „deren Unterdrückung in der vom politischen Kampf ausgenommenen ‚Privatsphäre' unmittelbar und am stärksten erlebt wird." (Aktionsrat zur Befreiung der Frau 1968: 456; zitiert nach Kraushaar 1998a).

Im Vorfeld der Sexuellen Revolution hat der Kapitalismus, dem SDS-Mitglied Reimut Reiche zufolge, in Anknüpfung an Marcuse, bewirkt, dass Sexualität einen repressiven Charakter hat: „Die kapitalistische Produktionsweise erforderte, von sich sozial durchsetzen zu können, ein Leistungsprinzip, das in der psychischen Struktur der Individuen so verankert war, daß es nicht ständig äußerlich aufgezwungen werden mußte, sondern als innerer Zwang funktionieren konnte" (Reiche 1970: 39). Demzufolge war lediglich ein auf Reproduktion ausgerichteter Geschlechtsakt aus kapitalistischer Sicht denkbar: „Die unterdrückten sexuellen Komponenten aber werden dem Prozeß der sozialen Integration und dem Arbeitsprozeß dienstbar gemacht und auch die offen sexuellen Äußerungen, selbst wenn sie in diesem System legitimiert sind, besonders aber wenn nicht, werden mit einer Reihe von Drohungen, Achtungen und Bestrafungen versehen" (Reiche 1970: 39–

40). Aus dieser Erkenntnis folgern Studierende, dem Sexualwissenschaftler Günter Amendt zufolge, „sich aus unbefriedigenden Zweierbeziehungen“ zu lösen, „um mit Mehrfachverhältnissen oder Promiskuität zu experimentieren“. So ist es Frauen erstmals möglich, nicht „nur als Quelle der Lust *für den Mann* [Hervorhebung im Original]“ (Amendt 1989: 27) gesehen zu werden, sowie männliche Autorität zu negieren.

Um die Bedeutung von Frauenbelangen ins Zentrum des – SDS-internen und medialen – Interesses zu rücken, gründete das SDS-Mitglied Helke Sander zusammen mit sechs weiteren Frauen im Januar 1968 den Aktionsrat zur Befreiung der Frau[7]. Während es in der Gründungsphase vor allem um Kindererziehung ging, verschob sich der Fokus bald gen Politisierung des Privaten, was bis dato vor allem vom SDS ignoriert und verschwiegen wurde (vgl. Brown 2013: 288). Der Aktionsrat selbst „verstand sich als Teil einer revolutionären Bewegung, der solidarisch mit den Männern war, aber auf ein Defizit aufmerksam machen wollte“ (Siegfried 2018: 105). Das Defizit, das Siegfried hier anspricht, bezieht sich vor allem auf das heterosexuelle Sexualleben der Frauen, wie Amendt verdeutlicht: „Die Frau hat ein Recht auf Orgasmus. Die Frau weiß, daß sie ein Recht auf Orgasmus hat. Der Mann weiß, daß die Frau ein Recht auf Orgasmus hat“ (Amendt 1989: 124). Um die Subjekt-Werdung der Frau gesellschaftlich durchzusetzen, hält Helke Sander im Namen des Aktionsrates auf der 28. ordentlichen Delegiertenkonferenz des SDS im Juli 1968 jene Rede, die Ausgangspunkt der Zweiten Frauenbewegung ist (vgl. Steffen 1998: 131; zitiert nach Kraushaar 1998b).

So werden Frauen, wie Sander in ihrer Rede anprangert, bewusst kleingehalten und auf Pflichten und Aufgaben des familiären Lebens beschränkt: „Sie wird immer noch für das Privatleben, für die Familie, erzogen, die ihrerseits von Produktionsbedingungen abhängig ist, die wir bekämpfen“ (Sander 1968: 14; zitiert nach Schlaeger 1988). Daher soll Sander zufolge das Konkurrenzdenken zwischen Männern und Frauen aufgehoben und stattdessen Bedingungen des Zusammenlebens von Frauen und Männern geschaffen werden, die veränderte Verhältnisse in der Erwerbsarbeit ermöglichen, „um eine demokratische

7 Im Folgenden: Aktionsrat

Gesellschaft zu schaffen“ (Sander 1968: 16; zitiert nach Schlaeger 1988). Gegen Ende ihrer Rede deutet Sander Konsequenzen an, welche die Frauen im SDS ziehen werden, so denn die Männer im SDS weiterhin nicht willens sind, Frauen Raum zu gewähren: „Genossen, wenn ihr zu dieser Diskussion, die inhaltlich geführt werden muß, nicht bereit seid, dann müssen wir allerdings feststellen, daß der SDS nichts weiter ist als ein aufgeblasener Hefeteig“ (Sander 1968: 22; zitiert nach Schlaeger 1988). Im Anschluss erhebt sich die SDS-Delegierte Sigrid Rüger aus dem Plenum, „öffnete eine Tüte und schleuderte mehrere Tomaten in Richtung Podium. Nur eine traf, und zwar ausgerechnet den schwulen, mickerigen und sehbehinderten Hans-Jürgen Krahl“ (Heider 2014: 96). Das mit dem Tomatenwurf verfolgte Ziel bestand darin, „to recognize conditions of oppression that lay so close as to be invisible for those who had hitherto found no important reasons to look“ (Brown 2013: 292–293). Die angedeuteten Konsequenzen bestanden in der bundesweiten Gründung von Weiberräten: „Isoliert von der sich immer weiter auflösenden Verbandsöffentlichkeit des SDS, erschien der Weiberrat schließlich den Gründerinnen selbst, aber vor allem den neu hinzukommenden Frauen, als eine selbstständige Organisation nach dem Prinzip ‚Frauen organisieren sich ohne Männer‘“ (Steffen 1998: 133; zitiert nach Kraushaar 1998b).

3.3 Ursprünge des psychoanalytisch-marxistischen Denkens

In der Zeit zwischen dem Ersten und Zweiten Weltkrieg sehnten sich die Menschen nach Erklärungen für ihre psychisch-existenziellen Krisen, jedoch wurden weder die Analysen des Marxismus noch die Erkenntnisse der Psychoanalyse nach Freud als befriedigend gesehen. Um dieses Problem lösen zu können, eigneten sich zum einen der Marxismus, zum anderen die Psychoanalyse nach Freud, jedoch standen diese einander konkurrierend gegenüber, „jene mit dem wissenschaftlichen Anspruch, die gesellschaftliche Totalität bzw. die Kulturgeschichte aus eigener Kraft verständlich machen zu können“ (Dahmer 1982: 241). Mit der Zeit wurde beiden Theorieschulen bewusst, dass sie ihr Interesse zugunsten eines „gemeinsame[s] ‚Objekt[es]‘“ (Dahmer 1982: 241) ausrichten, da „beide eine bestimmte Konstellation von

Individuen und sozialen Verhältnissen reflektieren" (Dahmer 1982: 241). Vertreter*innen des Neo-Freudismus (im Rahmen dieser Arbeit: Alfred Adler und Helene Deutsch) und Freudomarxismus (im Rahmen dieser Arbeit: Wilhelm Reich) erkannten in Anknüpfung an Marx, dass die Manie des Kapitalismus für Freude nicht mehr den Charakter der unbegrenzten „surrender to the world of feudal pleasures [besitzt]. It is now under the domination of the hard calculation of the market" (Schneider 1974: 124).

Wie auch Marcuse im Anschluss an diese Theorieschulen betont, wird die „‚polymorphous perverse childhood sexuality'" (Schneider 1974: 126) durch die kulturell bedingte Sexualmoral unterdrückt. Dies ist eine sozialisierende Methode der Unterdrückung, welche Teil der kapitalistischen Logik ist: „It is a means by which to anchor the psychic disposition to wage labor at an early age in the instinctual structure of the growing wage laborer. The ‚cultural sexual morality' which Freud made responsible for the mass creation of neurosis, is, therefore, the historical twin of the developing capitalist, protestant ‚work ethic'" (Schneider 1974: 126).

Im Anschluss an diese allgemeinen Erkenntnisse mehrten sich Arbeiten, die die Psychoanalyse nach Freud mit marxistischen Überlegungen anreicherten. Einer der ersten, der Psychoanalyse mit Marxismus verknüpfte, war Wilhelm Reich und sich der Herkunft von Neurosen und den Folgen unterdrückter Sexualität widmete. Auf Reich wird im Folgenden genauso eingegangen wie auf Helene Deutsch, die als erste „to explore the emotional life of woman and the first and only analyst to construct from her findings a comprehensive psychology of the life cycle of womanhood" (Briehl 1966: 282). Beginnen möchte ich mit Alfred Adler, der sich der Unterwürfigkeit der Frau und der Schwäche des Kindes gegenüber den Eltern widmete.

Adler betrachtet, als Begründer der Individualpsychologie, „die Charakterzüge, mithin die Persönlichkeit eines Menschen [...] als äußere Aspekte [menschlicher] soziale[n] Beziehungen" (Girkinger 2007: 124). Obwohl er davon ausgeht, dass die von den Eltern abhängige Position des Kindes zu gesunden Bestrebungen führt, um Machtlosigkeit und Minderwertigkeit zu überwinden, weiß er, dass insbesondere Mädchen in Gestalt von elterlichen Abwertungen und Provokationen von Brüdern (und Jungen im Allgemeinen) vielen Barrieren konfrontiert sind, die sie selbstständig überwinden müssen (vgl. Jennings 1976: 6). Biologisch bedingte Belastungen und das Ergebnis instinktueller Bestrebungen verweisen auf „insignificant roles as compared to how individuals react to feelings of inferiority, and the crucial reaction was that of the ‚masculine protest'" (Selesnick 1966: 81). Daneben geht Adler davon aus, dass jeder von uns das Gefühl von Schwäche (Weiblichkeit) in sich hat, sowie das Bedürfnis, in Gestalt von Männlichkeit, diese Schwäche zu überwinden (vgl. Selesnick 1966: 81). Aus dieser Schwäche heraus entwickeln Söhne das Bedürfnis der Überkompensation, um die Überlegenheit gegenüber dem Vater und Dominanz gegenüber der Mutter zu erreichen (vgl. Selesnick 1966: 81).

Aus Adlers Sicht ist die Rollenzuschreibung von Männern und Frauen „historisch gewachsen und gesellschaftlich bestimmt. Dahinter stehe vor allem ein fortdauerndes Streben nach männlicher Überlegenheit. Das zeigt sich in vielerlei Hinsicht, von der Sexualität über die geringe Entlohnung der Frauen in der Arbeitswelt, in der ebenso die Geringschätzung der Frau zum Ausdruck komme, bis hin zum gesetzlichen Verbot der Abtreibung, das der Frau die freie Entscheidung nehme" (Girkinger 2007: 137–138). Er nimmt weiterhin an, dass bei Frauen, die Ehemännern und Liebhabern unterwürfig sind, ihre sexuellen Genüsse zerstört werden. Liebe kann ihm zufolge nicht erblühen, wenn deren Grundlage auf Macht und Ökonomie basiert: „In equality wrecks spontaneous relationships and plants the seeds for a bitter struggle between the sexes. It was evident to him that by shifting cultural values to include genuine cooperation rather than competition, true equality between the sexes, and trust in each person's capacity to arrange and rearrange his or her lifestyle, the result would be increased <u>human</u> [Hervorhebung im Original] spontaneity, humanism, optimism, and feelings of self-worth" (Jennings 1976: 7). Gemäß seinen Überzeugungen haben Frauen eine Tendenz, neurotisch zu werden, weil sie den Mann um sein hohes Ansehen in der gegenwärtigen Kultur beneiden. Seiner Meinung nach symbolisiert der Penis aus Sicht der Frauen die „overexalted position of men in society. Should they wish to become men, renouncing their femininity, they suffer from such neurotic symptoms as painful menses, painful intercourse, or even homosexuality – all expressive of masculine protest reactions" (Selesnick 1966: 81). Neurosen entstehen ihm zufolge durch eine „Abwehr gegen die Anforderungen der Umwelt, als Mangel an richtiger Problemlösungskompetenz. Die grundlegenden Fehler würden dabei immer auf den Aufbau des Lebensstils zurückgehen" (Girkinger 2007: 125).

Helene Deutsch zufolge spielt die originale Phase passiver Sympathie des Kindes gegenüber der Mutter eine fundamentale Rolle in der Entwicklung vom Mädchen zur Frau, aber auch im späteren regressiven Moment, sich von der phallischen Phase zu distanzieren (vgl. Briehl 1966: 295). So entdeckt Deutsch, dass die Klitoris nicht ein Phallus wie der eines Jungen ist, was die regressive Regung hin zu früheren passiven Positionen in Gang bringt, in welchen das Mädchen die aktive Liebe der Mutter und Fürsorge auf oralen und analen Ebenen erhält. Die Ambivalenz des Mädchens gegenüber der Mutter begründet den Wechsel dahin, den Vater als sexuelles Objekt wahrzunehmen; „however, identification with her in her masochistic genital relationship with father is the basis for the hope of attaining the missing penis-child from him, through the third receptive organ, the vagina" (Briehl 1966: 295).

Bei Frauen, denen es nach Deutsch gelungen ist, den Penis-Wunsch mittels einer bewussten Vagina zu überwinden, müssen die feindlichen Impulse, die durch die narzisstische Verletzung erweckt wurden, durch Liebesgefühle überwinden. Die Vagina wird dann, in Kleinformat, „the ego of the woman" (Selesnick 1966: 295). Der Koitus repräsentiert Deutsch zufolge sowohl das Trauma der Entwöhnung als auch das der Kastration. In diesem Fall „the woman restores the first unity experienced through the displacement of oral libido to the vagina and is enabled, by an ‚identification series' with her mother, to surrender the clitoral attachment to the vagina and to identify with the incorporated penis of the partner" (Selesnick 1966: 296).

Den Ursprung Wilhelm Reichs Ansatz bildet Karl Marx' Überlegung, „dass die Gedanken der herrschenden Klasse in jeder Epoche auch die herrschenden Gedanken seien" (Benicke 2016: 9). Im Unterschied zu Marx fragt sich Reich, „wie die Gedanken der herrschenden Klasse zu den allgemein herrschenden Gedanken werden" (Benicke 2016: 9). Charakterisierend für Reichs psychoanalytischen Ansatz ist „seine Aufwertung des Kindes, sein Glaube an das unmittelbare Ausleben der kindlichen Sexualität und sein Eintreten für die vollkommene und gesunde Normalität" (Mitchell 1985: 206). Für Reich nimmt Sexualität eine zentrale Position im sozialen und intrapsychischen Leben ein und ist daher der Schlüssel zur neurotischen Persönlichkeit und sexuelle Energie fasst Reich „als Lebensquelle, die Gesundheit reguliert" (Bergmann 1997: 287). Seiner Meinung nach kann Sexualität nur frei sein, sofern Sexualität und Reproduktion voneinander getrennt sind (vgl. Bergmann 1997: 291). Ihm zufolge soll jene Trennung „mittels der technokratisch konzipierten ‚rationellen Geburtenregelung'" geschehen (Bergmann 1997: 291). Von großer Bedeutung ist für ihn der (weibliche) „Orgasmus, der, soweit er ‚gesund' ist, zwischen Mann und Frau ‚völlig gleich' sei" (Bergmann 1997: 292–293). Ein positiver Nebeneffekt des Orgasmus' besteht darin, dass dieser in der Lage ist, „von Schmerz, Angst und Leiden, als physikalisch-mechanisches Gesetz, das mittels elektrischer Apparatur im Labor meßbar, herstellbar und dadurch beherrschbar wird" (Bergmann 1997: 293) zu befreien. Sexuelle Befreiung erachtet Reich durchaus als denkbar, allerdings „nur unter dem Primat von Genitalität und Heterosexualität im Rahmen einer klassenlosen Gesellschaft" (Körbitz 1997: 261).

Sein Bestreben ist es, die Ätiologie der Neurose (Angst, Phobien, zwanghafte Tendenzen) zu ergründen. Er kam zu dem Ergebnis, dass keine Neurose ohne sexuellen Konflikt oder genitale Störung existiert (vgl. Neill 1975: 37). Er definiert eine gesunde genitale Funktion als befriedigende Freigabe libidinöser Energien; d.h. „the ability of one's instictual drives to flow freely" (Kauders 2011: 715). Wo Ängste und Phobien entstehen, geschieht dies Reich zufolge nicht wegen persönlicher Umstände, sondern „owed much to the fact that middle-class society did not allow individuals to experience sexually fulfilling lives" (Kauders 2011: 715). Reich glaubt, dass ein erneutes Auftreten von Neurosen primär davon abhängt, wie viel libidinöse Energie zurückgehalten wird. Sofern sexuelle Energie unterdrückt wurde, wandelt es sich in Aggression „the cause of violence in individuals was ultimately due to their pent-up sexual energies" (Kauders 2011: 715) und es entstünden „Neurosen, Perversionen, Prostitution, Gewalt usw." (Körbitz 1997: 256). Daher rät Reich zu einer Erziehung, die die heterosexuelle Sexualität bejaht und Befriedigung der Sexualität vorsieht, welches auch „die beste Neurosenprophylaxe" (Körbitz 1997: 256) ist. Aus dieser Unterdrückung sexueller Energien (gepaart mit der „Strukturaffinität von Familie und Gesellschaft“ (Benicke 2016: 9–10)) entwickeln Kinder die Bereitschaft, sich der Familie und Gesellschaft zu unterwerfen, weil die Familie für sie keine sozialisierende Instanz darstellt: „Dadurch werden ängstliche Menschen erzeugt, die sich zur Abwehr dieser Angst in Anpassung und Unterordnung flüchten“ (Benicke 2016: 10), woraus auch „ihre systematische Zerstörung durch die Folgen wirtschaftlicher Not und Ausbeutung“ (Körbitz 1997: 257) erwächst. Die dominierende Gruppe prägt das Moralverständnis der Gesellschaft, „doch diese Moral wird dann in den internalisiertem psychischen Strukturen jedes Individuums reproduziert, und dort wirkt sich auch die sexuelle Repression so verhängnisvoll aus“ (Mitchell 1985: 214).

3.4 Herbert Marcuses Begriff der sexuellen Befreiung der Frau

Marcuse zufolge hat die moderne Industriegesellschaft den Menschen aufgezeigt, dass sie im scheinbaren Wohlstand leben, weil sämtliche Konsumbedürfnisse Befriedigung finden, aber unverhältnismäßig viel von den Menschen verlangt wird: Sie „ist unerträglich in ihrer Aggressivität, in ihrer Vergeudung, in ihrer Brutalität und in ihrer Heuchelei. Sie ist unerträglich in der Art, wie sie veraltete Formen des Existenzkampfes perpetuiert, in der Hinsicht, wie sie Armut und Ausbeutung weiterbestehen läßt, ferner unmenschliche Arbeitsbedingungen in jeder Form forcierter Kontrolle, angesichts der Möglichkeiten vollendeter Automation“ (Marcuse 1968f: 454; zitiert nach Kraushaar 1998a), gleichzeitig dominiert diese Gesellschaft auch die freie Zeit der Bevölkerung. Somit produziert es eine Form von Totalitarismus, der in der Gesellschaft breite Zustimmung findet, weil die Bevölkerung bereits falschen Bedürfnissen aufgesessen ist „that the ‚enslaved‘ masses actually believe that they have personal freedom“ (Lipshires 1974: 69).

Die moderne Industriegesellschaft entspricht für Marcuse ideologisch dem „*preponderantly evil* [Hervorhebung im Original]“ (Kateb 1970: 49), welches eine immer weiter reichende Beherrschung der Menschen vorsieht, die mit ihrer „physische[n] und geistige[n] Energie im Kampf um ihre Existenz, ihren Status und Vorteile“ (Marcuse 1969c: 163; zitiert nach Kraushaar 1998a) für die Industriegesellschaft zuträglich sind.

Die moderne Industriegesellschaft bringt immer neuen Fortschritt hervor und schafft so immer neue Unterwerfungsmechanismen, unter welchen die Menschen leiden: „Die Leistungsfähigkeit des Systems macht die Individuen untauglich für die Erkenntnis, daß es keine Tatsachen enthält, die nicht die repressive Macht des Ganzen übermitteln" (Marcuse 1969a: 31). Dieses repressive System ist in der Summe die „limitation by society of the freedom of the induvidual, imposition by society of definite standards and rules of behavior" (Wiatr; Mins 1970: 325). Je weiter sich die Zivilisation entwickelt, desto mächtiger wird dessen Apparat zur Entwicklung und Genugtuung sozialer Bedürfnisse, desto repressiver sind die Opfer, „that it has to impose on individuals in order to maintain the necessary instinctual structure" (Marcuse 1970: 13).

In der modernen Industriegesellschaft ist es den Menschen nicht gestattet, die eigene Meinung zu vertreten, sofern sie jenseits der vom Staat vertretenen liegt; selbst eine öffentliche Debatte, die auf Überzeugung des Gegenübers gerichtet ist, findet nicht statt (vgl. Marcuse 1968b: 107). Aus Sicht Marcuses wird hieran die Autorität des vorherrschenden Apparates deutlich; zwar wird dieser von Menschen gesteuert und organisiert, „but their ends and the means to attain them are determined by the requirements of maintaining, enlarging, and protecting the apparatus – a loss of autonomy which seems qualitatively different from the dependence on the available ‚productive forces' characteristic of preceeding historical stages" (Agger 1982: 241). Die Maschinen bewirken, dass der Mensch, „passiver, reaktiver" wurde und in der Konsequenz den Arbeiter vereinnahmt (vgl. Marcuse 1964: 78; zitiert nach Jansen 1999). Marcuse zufolge entstand so eine stetig zunehmende Unfreiheit, die sich weltweit bereits jetzt dort nachweisen lässt, wo es die moderne Industriegesellschaft ermöglicht, dass Menschen über Menschen herrschen (vgl. Marcuse 1968a: 10). Ihm zufolge wird alles – „die materielle und intellektuelle Kultur, private und öffentliche Sphäre, Seele und Geist, Sprache und Denken" (Marcuse 1964: 138; zitiert nach Jansen 2002) – gemäß dem Apparat der modernen Industriegesellschaft ausgerichtet. In der modernen Industriegesellschaft bestehen Mechanismen der Kontrolle, „die der Befreiung schon an den Wurzeln, im Bewußtsein des Menschen, im Ausdruck und der Kommunikation seiner Bedürfnisse, Gedanken und Gefühle entgegenarbeite[t]" (Marcuse 1965: 78; zitiert nach Jansen 1999). So gibt es zwar Bestrebungen der Menschen, sich dem zu widersetzen, jedoch hat die moderne Industriegesellschaft „ihre eigene Einbildungskraft in voller Stärke mobilisiert" (Marcuse 1965: 78; zitiert nach Jansen 1999).

In diesem gesellschaftlichen Stadium bringt Marcuse den Begriff der *repressiven Toleranz* ins Spiel, die von Herrschern und Beherrschten gleichermaßen und wechselseitig ausgeübt wird: Die moderne Industriegesellschaft legt den Individuen Repressionen auf und die Beherrschten werden gemäß dem Arbeitsrhythmus ‚mitgeschwungen', ohne dass sich die Arbeiter*innen wehren können. Dabei stabilisiert sich zusehends das System und kann beliebig erweitert werden (vgl. Fopp 2010: 107): „Nach Marcuse zerstört der vollendete Schein einer rationalen Gesellschaft, der die Rationalität selbst zur Ideologie werden läßt, das Fundament jeder Ideologiekritik, weil dieses ja eben die geschichtlich situierte Rationalität ist" (Möll 2004: 7). So besteht die Aufgabe der modernen Industriegesellschaft darin, die Beherrschten davon zu überzeugen, dass diese Praktiken der Kontrollmechanismen für den Erhalt des Status quo vonnöten sind: „Repressive tolerance puts on the guise of true mindedness, […], including calls for aggression or for peace, demands for maintaining racist and colonialist orders or for civil rights and justice" (Herman; Weisenburger 2013: 48).

Darüber hinaus hat für Marcuse das Schüren von Bedürfnissen noch eine weitere Funktion: So kann potenzielles oppositionelles Verhalten unterdrückt werden, weil „den Menschen materielle und geistige Bedürfnisse" aufgezeigt werden, „welche die veralteten Formen des Kampfes ums Dasein verewigen" (Marcuse 1969a: 24). Auf diesem Weg werden die aus Sicht der modernen Industriegesellschaft *falschen Bedürfnisse*, etwa individuelle Freiheit, durch *wahre Bedürfnisse* (hier: Erwerbsarbeit und der damit einhergehende Konsum) ersetzt. So hat sich diese Gesellschaft Marcuse zufolge zum Ziel gesetzt, eine „terroristische politische Gleichschaltung der Gesellschaft" (Marcuse 1969a: 23) mit totalitärer Tendenz zu erreichen. Ausdruck findet dies zum einen im politischen System (dergestalt, dass es keine Opposition gibt), zum anderen auch auf ökonomischer Ebene, dass die Gleichschaltung „sich in der Manifestation von Bedürfnissen durch althergebrachte Interessen geltend macht" (Marcuse 1969a: 23). Für Marcuse haben jene *falschen Bedürfnisse* unterdrückenden Charakter: „sie werden dem Individuum durch die Gesellschaft eingeredet, um ihren Mechanismus zu verewigen. Etwa das Bedürfnis nach Bewährung in der Konkurrenz, nach immer steigendem Konsum, das Bedürfnis danach, besser als der Nachbar zu sein" (Nölle 2004: 228). Wie die *wahren Bedürfnisse* aussehen, obliegt der Entscheidung jedes Einzelnen (vgl. Nölle 2004: 228).

Die Menschen werden zum Funktionieren und zum Pflichtbewusstsein gezwungen, von ihnen wird verlangt, das Gegebene als rational und richtig zu empfinden. Marcuse zufolge gehört es zu den Prozessen, die das Individuum im Glauben lassen, dass sie ihre Arbeitskraft zugunsten des System verrichten. Daneben sollen sie ihre libidinösen Bedürfnisse danach ausrichten, sich zu reproduzieren, um das System intakt zu halten. Letzten Endes besitzen sie nichts anderes als ihre Arbeitskraft (vgl. Glaeser 1970: 590): „Kann die Gesellschaft ihre wachsende Produktivität nicht dazu verwenden, die Unterdrückung zu verringern [...] so muß die Produktivität gegen den Einzelnen gewendet werden; sie wird selbst zum Instrument weltumfassender Lenkung" (Marcuse 1968a: 95). Marcuse zufolge stimmen die Menschen in der Konsequenz der ihnen auferlegten Rationalität zu. In der Summe bleibt für die einst autonomen Individuen keine Eigenständigkeit, kein freies Leben, stattdessen leben sie, um zu arbeiten und um in der Folge konsumieren zu können (vgl. Marcuse 1969a: 191), sowie, um sich zu reproduzieren. Die Hauptschuld an dem Schicksal der Menschen hat der aggressiv agierende Ausbeutungsapparat „und [die] mit ihm verfilzte[n] Politik. Die in diesem Herrschaftssystem erlaubten und verwalteten Freiheitsrechte vermindern nicht die Gewalt einer Herrschaft, welche die Welt zur Hölle gemacht hat" (Marcuse; Busch: 1967: 1). Hieraus erwächst die *Eindimensionalität* des Menschen, die im Zusammenspiel von Technologie und materieller Bedürfnisbefriedigung die Subsidarität der Menschen zugunsten der Industriegesellschaft aufbringt. Der *eindimensionale Mensch* zeichnet sich dadurch aus, dass sein „Lebensstil programmiert und alternativlos erscheint" (Roth 1985: 106). Weil die Erwerbsarbeit physische und emotionale Rationalität abverlangt, sieht sich das Individuum gezwungen, Leid zu unterdrücken und „zugleich gesamtgesellschaftliche Alternativen zu unzeitgemäßen Hirngespinsten ohne soziale Basis [zu] entmaterialisier[t]" (Roth 1985: 106). So werden „Überfluß und Vergeudung" die neuen Maximen, die in Wahrheit „Destruktionsmittel hervorbringen, die die gesamte Menschheit bedrohen" (Jansen 1990: 26). Bei näherem Hinsehen bedeutet dieser neu erlangte Status auch Abhängigkeit vom System, das es überhaupt erst ermöglicht hat: Die Ketten, an die die Individuen gebunden sind, werden solange verlängert, „bis sie vergessen werden konnten" (Roth 1985: 106). Großen Einfluss beim Aufkommen des *eindimensionalen Denkens* hatten die „Kulturindustrie, Massenmedien, Politik und Ideologie", welche erreichten, dass das Gesehene „in den Köpfen" bleibt und so „falsches Bewußtsein[s] und [der] falsche[n] Bedürfnisse produzieren" (Fuchs 2003: 74).

Ferner gibt es mit der *surplus repression*, neben der stets existenten *basic repression*, eine weitere Dimension der Unterdrückung, die aus der technologischen Ordnung hervorgegangen und Ausdruck der strengen Arbeitsdisziplin und Gehorsam ist. Unter *surplus repression* versteht Marcuse ein Produkt von „a peculiarly advanced technological order which has no other way of exacting strict work discipline and ideological obedience" (Agger 1979: 140). Hierbei handelt es sich immer auch um eine politische Strategie, die a priori festgelegt ist und welche „über die Möglichkeiten von Vernunft und Freiheit" (Marcuse 1969a: 38) entscheidet. Ferner meint Marcuse hiermit die Beschränkungen, die die soziale Dominanz durchsetzen, welche grundlegende Beschränkungen übertreffen, z.B. „the restrictions just necessary for the perpetuation of human race" (Julka 1979: 18). Hierbei handelt es sich um Repression jenseits biologischer Anforderungen „of an organized adult ego it describes the way in which human beings in advanced capitalism eschew the promise of liberation, functioning both as dutiful workers and busy consumers. Surplus repression is internalized alienation that protects the system by diverting human beings from the promise of an end to toil" (Agger 1982: 325). Die *surplus repression* erzeugt „eine gesellschaftliche Unlust, die sich zunächst im psychischen Haushalt des Individuums intern niederschlägt, indessen bei einer sich akkumulierenden, die Massen ergreifenden Spannung sich nach außen wendet und sowohl spontane als auch, in der Reflexion auf ihre Ursachen, vernünftige politischen Reaktionen hervorruft" (Holz 1968: 56). Diese Art der Unterdrückung schwächt die erotischen Bedürfnisse der Menschen, stärkt aber zugleich die „destruktive[n] Komponente der Triebenergie" (Möll 2004: 8), weswegen Marcuse es als Aufgabe der

Menschen in der modernen Industriegesellschaft erachtet, diese Unterdrückung zu beenden.

Das *performance principle* betrifft die sexuelle Dimension der modernen Industriegesellschaft und führte zu einer nahezu vollständigen Desexualisierung der „pregenital erotogenic zones, indeed of the body in general, and reinforced the total genitalization of sexuality. This desexualization of the body resulted in a radical reduction of man's potential for pleasure" (Robinson 1969: 206). Die Libido konzentrierte sich in den Genitalien, um den restlichen Körper als Arbeitsinstrument frei zu geben: „The constraints were motivated by the need to make large amounts of energy and time available for nongratifying labor. A process of cruel domestication harnessed sex to the wagon of enduring relations" (Marks 1970: 60). Marcuse zufolge ist der Einfluss der *surplus repression* und dem *performance principle* so groß, dass sich beide in der modernen Industriegesellschaft negativ auf das Privatleben auswirken, weil so „Sexualität und Arbeit in einem unbewußten, rhythmischen Automatismus" (Marcuse 1969a: 47) vereint werden.

In der modernen Industriegesellschaft hat Sexualität Eingang in die Erwerbsarbeit gefunden, da es der modernen Industriegesellschaft möglich ist, Sexualität zu kontrollieren. Es ist somit gestattet, „die libidinösen Komponenten in den Bereich von Warenproduktion und -austausch systematisch aufzunehmen" (Marcuse 1969a: 94). Die vormals befriedigende Sexualität wurde, bedingt durch die moderne Industriegesellschaft, „merely the polite requests of an administered and domesticated libido" (Rose 1990: 63). Daneben wird Sexualität von der modernen Industriegesellschaft auch im Rahmen der Repräsentation des Einzelnen instrumentalisiert: „Sexualität wird zum Element der Karriere, des Prestiges, wird zum ‚Status-Symbol', wird systematisch benutzt und belohnt in der Werbeindustrie, wird systematisch zum Kredit des Geschäfts in der ‚sexy' Sekretärin, Empfangsdame usw." (Marcuse 1964: 143–144; zitiert nach Jansen 2002). Sexualität wird, Marcuse zufolge, aufoktroyiert und dient lediglich neben der Reproduktion auch der „Anregung des genitalen Appetits" (Flego 1992: 191) und kann auch nicht der *polymorphen Sexualität* entsprechen, welche erotisch und intensiv ist: „Die Anpassung der Lust an das Realitätsprinzip schließt die Unterwerfung und Ablenkung der destruktiven Kräfte der Triebbefriedigung mit ein, ihre Unverträglichkeit mit den geltenden sozialen Normen und Beziehungen verlangt eine ‚Transsubstantation' der Lust selbst. In der modernen Industriegesellschaft verhindert jene Unterdrückung, dass sich das Individuum gemäß eigener Vorstellungen und auch in Anbetracht der Befriedigung der eigenen Triebe verwirklichen kann. Wenn aber die Gesellschaftsordnung dies nichtsdestotrotz als Freiheit des Individuums postuliert, „werden die Repressionen in das Individuum selbst verlegt und bekommen den Charakter von Verdrängungen" (Holz 1968: 56). Kurzum: „Rationalization leads, inevitably, to barbarism" (Schoolman 1980: 240).

Lipshires betont, dass sexuelle Freiheit gemäß Marcuse in der modernen Industriegesellschaft eine Illusion ist: „Contemporary technological society offers man increased sexual freedom in return for his aquiescence in the demands of a social order which in its repressive, that is, brutal and irrational" (Lipshires 1974: 63). Da der sexuelle Ausdruck der Menschen in der modernen Industriegesellschaft keine Entsprechung findet, entsteht Aggression, die sich im weiteren Verlauf auch in anderen Feldern menschlicher Interaktion nachweisen lässt (vor allem im militärischen Bereich (vgl. Roth 1985: 126)). So findet sich im Rahmen der modernen Industriegesellschaft Lust nur noch auf materieller Ebene, etwa in Form von Gehaltszahlungen oder in Gestalt von Belohnungen: „In jedem Fall hat die Lust nichts mit einer primären Triebbefriedigung zu tun. Wenn man den Versuch macht, die Leistung am laufenden Band, in Büros und Warenhäusern, mit Triebbedürfnissen in Verbindung zu bringen, dann heißt das, die Entmenschlichung der Lust zu verherrlichen" (Marcuse 1968a: 217). In Anbetracht der Lebensverhältnisse in der modernen Industriegesellschaft ist den Individuen Marcuse zufolge *sensibility* abgewöhnt worden. Unter *sensibility* versteht Marcuse das Bedürfnis, das eigene Leben selbstbestimmt zu gestalten (Agger 1979: 138). Da es aber dem Kapitalismus eigen ist, die menschliche *sensibility* zu kontrollieren und zu manipulieren, bedarf es neuer Bedürfnisse „thereby altering the instinctual structure of the individual. Therefore, resistance to domination must lie in sensibility" (Farr 2009: 107).

Zwar räumt Marcuse ein, dass die moderne Industriegesellschaft ‚Räume' für die Befreiung des Individuums lässt, allerdings sind diese der tatsächlichen Befreiung nicht zuträglich, weil die moderne Industriegesellschaft auf Unterdrückung fußt; so liegt der Lebensmittelpunkt auf Erwerbsarbeit, die sich von den Menschen entfremdet hat und nicht auf freier Entfaltung. Nichtsdestotrotz sind Triebe und sexuelle Bedürfnisse, wenngleich in deutlich abgeschwächter Form, in den Individuen weiterhin präsent, weil dies der modernen Industriegesellschaft Sicherheit verleiht: „so wird beispielsweise die vermeintliche Freizügigkeit in der Mode reklamiert als Stärkung der weiblichen Sexualität" (Behrens 2000: 201). Eine freie und selbstständige Ausübung der sexuellen Lockerung ist den Individuen allerdings verwehrt: „This ‚liberalization' of sexuality in socially constructive forms is a repressive desublimation in the sphere of sexuality that joins with the desublimation of higher culture" (Hyman 1988: 158).

Um der modernen Industriegesellschaft entkommen zu können, ist nach Marcuse ein neues politisches System vonnöten, weil „[D]ie gesellschaftliche Determination des Bewußtseins" (Marcuse 1969: 285; zitiert nach Marcuse 1984) alle Bereiche durchdrungen hat und den Mitgliedern „direkt eingeimpft" wurde: „Unter diesen Umständen ist ein radikaler Wandel im Bewußtsein der Anfang, der erste Schritt zur Umwandlung der gesellschaftlichen Zustände; es entsteht ein neues Subjekt" (Marcuse 1969: 285; zitiert nach Marcuse 1984). Daneben bedarf es nach Marcuse, als ‚Ergebnis' einer neuen Erziehung auch eines neuen Typus' Mensch, „weil die Entwicklung der modernen Industriegesellschaft einen Punkt erreicht hat, wo ein solcher neuer Mensch […] auch notwendig ist, wenn die Menschheit nicht in eine zivilisierte oder nicht-zivilisierte Barbarei verfallen soll" (Marcuse 1967g: 282; zitiert nach Kraushaar 1998a), ebenfalls bedarf es (von Marcuse nicht näher definierter) radikaler Mittel, um die von Menschen gemachten kapitalistischen Verhältnisse zu stürzen (vgl. Schmied-Kowarzik: 1989: 256): „Die Individuen, die in der *Great Society* [eigene Hervorhebung] leben sollen, müssen diejenigen sein, die sie erbauen – sie müssen für sie frei sein, ehe sie in ihr frei sein können. Keine andere Macht kann ihnen ihre Gesellschaft auferlegen oder aufzwingen – nicht weil ein ‚Despotismus der Freiheit' per se einer Befreiung widerspricht, sondern weil keine Macht, keine Regierung vorhanden ist, die für eine solche Diktatur frei wäre" (Marcuse 1969c: 177). Die bisherigen Revolutionen haben es Marcuse zufolge nicht geschafft, die Repressionen zu beenden, die von der „gesellschaftlich organisierten Produktion" ausgehen. Aus diesem Grund bedarf es einer neuen Gesellschaft, die die Befreiung der Sexualität zu ermöglichen vermag: die *Great Society*. Für die Befreiung der Sexualität ist für Marcuse eine „*Transformation* [Hervorhebung im Original], eine Umwandlung von Libido: von der unter das genitale Supremat gezwungenen Sexualität zu der Erotisierung der Gesamtpersönlichkeit" (Marcuse 1968a: 199) vonnöten.

Erst, wenn die *surplus repression* abgeschafft werden kann, erlangt das Individuum die ihm eigenen „own erotic-creatives cores" (Agger 1979: 140) zurück. Dies gilt im besonderem Maße für Frauen, die in den patriarchalen Strukturen der modernen Industriegesellschaft keine unabhängigen Mechanismen unterstützend an ihrer Seite wissen konnten; vielmehr: „the female is absolutely dependent, subordinate; she is a minor factor in the socialization of the child" (Schoolman 1980: 234). Als Arbeitskräfte werden Frauen von der modernen Industriegesellschaft seit Jahrhunderten vereinnahmt, was Ausbeutung und Prägung durch das patriarchale System mit sich brachte und im Rahmen der modernen Industriegesellschaft noch immer bringt. So bestanden die Aufgaben der Frauen in der bürgerlichen Familie darin, „Empathie, Geduld und Einfühlung" aufzubringen, „Fähigkeiten also, die sich nicht an gesellschaftlichen Zwängen orientieren und die nicht den Gesetzen instrumenteller Vernunft gehorchen" (Rajewski 1981: 259). Frauen waren dem Mann und den Kindern (mitunter auch dem eigenen Vater) ausgeliefert. So wurde von den Müttern erwartet, das Kind als eigenständiges Wesen anzuerkennen, doch im Umkehrschluss blieb es ihnen verwehrt (vgl. Rajewski 1981: 259). Darüber hinaus hatten die Frauen, bedingt durch Schwangerschaften und Kindererziehung, gesellschaftlich das Nachsehen: „Die Frau wurde als dem Mann unterlegen betrachtet […] als Sexualobjekt, als Werkzeug der Reproduktion" (Marcuse 1975: 13). Gleichzeitig wird von Frauen erwartet, in Gestalt von „Hausfrau, Mutter, Dienstmädchen" (Marcuse 1975: 14) für die Familie zu sorgen. Nichtsdestotrotz konstituierte die moderne Industriegesellschaft „die Bedingungen, um die Ideologie der weiblichen Qualitäten in Realität umzusetzen, um die Schwäche, die ihnen anhaftete, in Stärke zu verwandeln, das sexuelle Objekt zum Subjekt werden zu lassen" (Marcuse 1975: 14), womit eine Emanzipation der Frau in Hinblick auf eine qualitative Verbesserung der Gesellschaft einhergeht. Marcuse weist darauf hin, dass die kapitalistische Gesellschaft diese Entwicklung nicht gutheißen will, da so der weiblichen Libido Raum gegeben wird, „die die rigide Arbeitsethik des Leistungsprinzips und die Reproduktion dieser Arbeitsethik durch die Individuen selbst gefährden, nicht zulassen“ (Marcuse 1975: 15) und der Feminismus zur Kraft gegen den Kapitalismus avanciert. In der monotonen Tätigkeit vieler Frauen bricht sich Libido Bahn und Frauen werden als Individuen gestärkt, welches sich negativ auf die Einstellung zur Erwerbsarbeit auswirkt, weil damit die Erkenntnis eintritt, nicht (nur) für die Erwerbsarbeit zu leben, sondern auch für Erotik, Liebe, Lust, Sex und persönliche Freiheit. Das Fortschreiten der Industrialisierung, gepaart mit der Dominanz männlicher Privilegien in der Erwerbsarbeit (Besitz von Produktionsmitteln, Aufstiegschancen und Ausbau von Kontrollmechanismen), ermöglichte „immer wieder erneute Zerstörung, Deformierung, Ausbeutung“ (unbekannter Autor ohne Jahr; zitiert nach unbekannter Autor 1996: 78). Bestärkt durch die Kraft, die ihnen ihre Libido verleiht, werden Frauen nun zu Trägerinnen von Widerstandsqualitäten[8], weil sie in der modernen Industriegesellschaft „weitgehend von der Welt der Produktion, der unmittelbaren Produktion, aber zum erheblichen Teil auch von der kulturellen Produktion ausgeschlossen war[en]“ (unbekannter Autor ohne Jahr; zitiert nach unbekannter Autor 1996: 79).

Die vorherrschende sexuelle Ordnung in der *Great Society* ist die der oben erwähnten *polymorphen Sexualität*, nach welcher Körper frei in ihrer völligen Entschlossenheit sind (vgl. Eidelberg 1969: 455), resexualisiert werden und sich einer Transformation in Arbeitswerkzeug widersetzen: „Sexual deviance represented in particular a protest against genital tyranny“ (Robinson 1969: 207–208). Als Lehre aus der Vergangenheit und in Anbetracht der freudo-marxistischen Tradition betont Marcuse die Bedeutung der *polymorphen Sexualität* für die zukünftige Gesellschaft und der damit verbundenen weiblichen Qualitäten, die das Wohlergehen aller in der *Great Society* gewährleisten sollen. Unter diesen Qualitäten versteht er Sensibilität, Rezeptivität, Sinnlichkeit, Ruhe und Freude im Gegensatz zu „the constant noise of production“ (Marcuse 1992: 35), das sich daneben durch entfremdete Arbeit und „self-propelling performances, both productive and unproductive“ (Marcuse 1992: 35) auszeichnete. Hierbei kommt der *Rezepti-*

8 die späteren feministischen Qualitäten.

vität für Marcuse ein besonderer Stellenwert zu: Hierunter versteht er den geordneten „Teil jener neuen Rationalität, die Voraussetzung ist für eine Transformation der gesellschaftlichen Verhältnisse im Sinne eines befreiten Verhältnisses der Menschen untereinander und zur Natur" (Rajewski 1981: 259). Für die Umsetzung der weiblichen Qualitäten auf gesamtgesellschaftlicher Ebene bedarf es Marcuse zufolge nicht nur gesellschaftlicher, sondern auch individueller Befreiung: „Andererseits ist ebenso richtig, daß die ‚große Welle' der individuellen Emanzipation noch gar nichts b*esagt, auch nicht über das Verhältnis vom bürgerlichen Individuum zu einem realen Begriff des Individuums*" [Hervorhebung im Original] (unbekannter Autor: 1975; zitiert nach unbekannter Autor 1996: 97). In dieser Entwicklung sieht er „die Spuren eines dem kapitalistischen entgegenstehenden Realitätsprinzip", sowie „kreativ befreiende Qualitäten" (unbekannter Autor: ohne Jahr; zitiert nach unbekannter Autor 1996: 75) verwirklicht, womit Marcuse Hoffnungen in Frauen verknüpft. Diese Hoffnungen seinerseits sind insofern politisch, als dass sie dazu beitragen können, sich „Unterdrückung und Aggression" zu widersetzen.

Daneben ist es in der *Great Society* möglich, dass „durch die Emanzipation der Frau" weiblichen Qualitäten die gesamte Gesellschaft bereichern und es so zu einer Überwindung des Patriarchats kommt (vgl. Marcuse 1975: 17). Marcuse verspricht sich hiervon das Ende von „aggression, brutality and repressive attribution and exploitation" (Brown 1975: 21), was aber der modernen Industriegesellschaft zufolge aber auf das Erstarken der Frauen zurückgeführt wurde.

Wenn der Kapitalismus lediglich eine Modifikation erhalten würde (anstatt einen kompletten gesellschaftlichen Umsturz), hätte dies gemäß Marcuse zur Folge, dass Frauen „masculinized" (Brown 1975: 21) werden. Konkret folgt hieraus, dass Frauen in ihrem ihres praktisch-produktiven Nutzen (d.h. als Arbeitskraft) für die moderne Industriegesellschaft emanzipiert werden, „aber nicht als Frau. Die Qualitäten der Frau, die in diese Arbeitskraft nicht eingehen, werden in der Berufsemanzipation nicht emanzipiert" (Furth; Marcuse 1966: 6). Stattdessen werden sie als „Spielzeug oder ein Objekt für sexuelle, in der Ehe nicht befriedigte Energien" (Marcuse 1973: 91–92) wahrgenommen. So belohnt der Kapitalismus „weibliche Schönheit, indem er sie zur Ware macht" (unbekannter Autor 1975: 17). Dagegen versteht

Marcuse sexuelle Emanzipation im Sinne von Gleichberechtigung, gepaart mit der „Durchsetzung von neuem Werk, von anderen Bedürfnissen, die der Mann in den gegebenen Produktionsverhältnissen als Mann nicht befriedigen konnte, nicht befriedigen durfte“ (unbekannter Autor ohne Jahr; zitiert nach unbekannter Autor 1996: 78). In der modernen Industriegesellschaft werden Frauen zu Objekten stilisiert, welches negative Auswirkungen auf ihre „geistige und psychische Entwicklung“ (Marcuse 1974: 10; zitiert nach Marcuse 1975) hat. Daneben werden ihre Möglichkeiten der „erotische[n] Entwicklung“ behindert und ihre „Sexualität wurde als Mittel zum Zweck der Fortpflanzung oder Prostitution objektiviert“ (Marcuse 1974: 13; zitiert nach Marcuse 1975). Mittels der Erwerbsarbeit und der kognitiven Vorgänge, die durch den Druck von Seiten des Patriarchats getriggert werden, gelingt es Frauen, zum Subjekt zu werden. Somit ist es Marcuse zufolge für Frauen möglich, sich abseits von Männern zu emanzipieren – so es die Gesellschaftsform zulässt.

Über die Jahrhunderte hat die moderne Industriegesellschaft ein repressives Frauenbild geschaffen, manifestiert und „es übersetzt eine biologische Tatsache in einen ethisch-kulturellen Wert und unterstützt und rechtfertigt derart die gesellschaftliche Unterdrückung der Frau“ (Marcuse 1973: 90). Diese Verwendung ist aus seiner Sicht „entmenschlichend, und zwar um so mehr, als sie sich dem dominierenden Mann als aggressivem Subjekt, für das die Frau nur dazu da ist, genommen, überwältigt zu werden, noch anbiedert. Es liegt in der Natur sexueller Beziehungen, daß beide, Mann und Frau, gleichzeitig Objekt und Subjekt sind; erotische und aggressive Energien sind in beiden miteinander vermischt“ (Marcuse 1973: 93). In der *Great Society* ist jene Hierarchie von Männern und Frauen nicht denkbar. So sollen die Männer stattdessen dafür bestraft werden, Frauen zu Zeiten der modernen Industriegesellschaft unterdrückt zu haben; es soll Frauen möglich sein, „als individuelle, menschliche Wesen“, selbstbestimmt und in Freiheit zu leben und nicht als Ehefrau, nicht als Mutter, nicht als Hausfrau, nicht als Freundin“ (Marcuse 1974: 20; zitiert nach Marcuse 1975).

Mit der Zeit entwickelt das Individuum die kognitive Erkenntnis der *Großen Weigerung* gegenüber der modernen Industriegesellschaft (vgl. Farr 2009: 107). Zu dieser *Großen Weigerung* gehört laut Marcuse der tiefe Wunsch nach und die aktive Arbeit an gesellschaftlicher Veränderung: „Sie sind nicht aus der Luft gegriffen, sondern sie ergeben sich logisch aus den technischen, materiellen und geistigen Möglichkeiten der entwickelten Industriegesellschaft" (Marcuse 1969b: 193). Daneben war die moderne Industriegesellschaft voller immanenter Widersprüche: Abnahme von Rückgrat und Zusammenhalt in der Gesellschaft, die Schwächung der Arbeitsmoral, Verantwortung und Effizienz, das vollständige Leugnen „of that spirit of inner worldly asceticism which was, until recently, the main spring of capitalism" (Marcuse 1971: 7). Angesichts dieser Lebensumstände muss die neue Gesellschaft die Negation der alten sein: „Aber man darf die bestimmte Negation dann doch nicht so fassen, daß sie schließlich und endlich nichts anderes als das Alte im neuen Gewand ist" (Marcuse 1967: 13). Für Marcuse spielt hier die Körperlichkeit des sich aktiv Wehrens eine wichtige Rolle; dergestalt, dass die Arbeiter*innen zu Individuen mit eigenen Bedürfnissen werden und Widerstand gegen „the abstract generalizations of an oppressive society" (Farr 2009: 107) leisten. Daneben ist es die Aufgabe des Individuums, die verführerischen „blandishments of the consumer culture and its forced merger of reason and rationality" (Agger 1988: 327) abzulehnen. Der Begriff der *Großen Weigerung* steht für Marcuse für die „moralische Rebellion gegen die scheinheiligen, aggressiven Werte und Ziele, gegen die blasphemische Religion dieser Gesellschaft, gegen alles, was sie ernst nimmt, wozu sie sich bekennt" (Marcuse 1969: 293; zitiert nach Marcuse 1984). Weiterhin macht die Radikalität der *Großen Weigerung* aus, dass sie „die Regeln des Spiels, das gegen sie aufgetakelt wird, zurückweis[t], jene uralte Strategie der Geduld und Überzeugung, des Vertrauens in den guten Willen des Establishments, in seine trügerischen und unmoralischen Annehmlichkeiten, in seinen grausamen Überfluß" (Marcuse 1969: 247; zitiert nach Marcuse 1984). Darüber hinaus muss den Menschen bewusst werden, „daß der Preis, der für den ganzen zu konsumierenden Dreck bezahlt werden muß, einfach zu hoch ist, aus dem Gefühl, daß eine radikale Umwertung der Werte notwendig ist, um das Leben überhaupt noch erträglich zu machen" (Marcuse 1972a: 758; zitiert nach Kraushaar 1998a).

Der Grund für die *Große Weigerung* ist aus Marcuses Sicht die Knechtschaft, die durch die moderne Industriegesellschaft aufgebürdet wurde und „durch eine politische Praxis gebrochen werden [muss], welche die Wurzeln der Eindämmung und Zufriedenheit im Unterbau erreicht, durch eine methodische Loslösung vom Establishment und eine methodische Weigerung, die auf eine radikale Umwertung der Werte abzielt" (Marcuse 1969: 246; zitiert nach Marcuse 1984). Es bedarf einer totalen gesellschaftlichen Veränderung, worunter Marcuse, wie bereits oben angeschnitten, neue Menschen fasst, die nicht dem Typus alter Herrschenden entsprechen: „Was erforderlich wäre, ist, daß in diesem Übergang wirklich neue Bedürfnisse, neue Ziele und neue Weisen der Befriedigung von Anfang an die Veränderung leiten würden" (Marcuse 1967g: 282; zitiert nach Kraushaar 1998a). Denn: „Was jetzt zu sehen und zu haben ist, zum Markt gehört, ist die Karikatur einer Sinnlichkeit, deren Anspruch für das Funktionieren des Kapitalismus einmal höchst bedrohlich werden könnte" (unbekannter Autor ohne Jahr; zitiert nach unbekannter Autor 1996: 85). Der Schritt dahin soll mittels Erziehung erfolgen. Unter Erziehung versteht Marcuse Maßnahmen fernab des Klassenraumes, sondern vielmehr Erziehung, „die spontan übergreift auf die Straße, in Aktionen, in Praxis und sich gleichzeitig ausdehnt auf die Gemeinschaft sozialer Gruppen außerhalb der Universität" (Marcuse 1968h: 490; zitiert nach: Kraushaar 1998a).

Bevor die *Great Society* konstituiert werden kann, bedarf es der Schaffung eines neuen Bewusstseins, das sich nach Marcuse in einer neuen lebensbejahenden *sensibility* manifestiert, die zuvor all die Jahre vom Kapitalismus unterdrückt worden ist. *Sensibility* zeichnet sich ferner dadurch aus, dass sie „zwischen der politischen Praxis von ‚Weltveränderung' und dem Drang nach persönlicher Befreiung" (Marcuse 1973: 72) vermittelt. Somit handelt es sich um ein Medium mit dem Ziel, „gesellschaftliche Veränderung zum individuellen Bedürfnis wird" anstatt ein „individuelles oder Gruppenphänomen zu sein" (Marcuse 1973: 72). Zwar ist sich Marcuse darüber bewusst, dass es sich bei der *Great Society* um eine Utopie handelt, weil die Gesellschaft „noch nicht einmal in einer vor-revolutionären Situation" ist, allerdings stellt dieses von ihm entwickelte Konstrukt eine wichtige ‚Vorbereitungsarbeit' dar, „die heute unendlich viel schwerer und unendlich viel wichtiger ist, als sie früher war" (Marcuse 1969i: 656; zitiert nach Kraushaar 1998a).

Neben dem Sieg über Aggressivität würde es auch keine gesellschaftlichen Ungerechtigkeiten mehr geben und auch der allgemeine Lebensstandard würde sich im Rahmen der *Great Society* verbessern (vgl. Marcuse 1969: 261; zitiert nach Marcuse 1984). Die neu gewonnene *erotische sensibility* „seeks to join with a liberated scientific orientation to produce an *aesthetic ethos* [Hervorhebung im Original] that would conceive of society as an artwork to be created and in this way separated its adherents from identification and complicity with the hegemonic perpetrators of war, renunciation, and repression" (Sethness 2016: 208). Schon in dieser Phase der *Transformation* der Gesellschaft ist Gewalt ausgeschlossen (Marcuse 1973: 143; zitiert nach Jansen 1999); vielmehr kommt es zu einer Re-Rationalisierung der Vernunft und eine Gesellschaft ist im Entstehen begriffen, die sich auf soziale Ideale zurückbesinnt: „Es käme eine Realität auf, die das Werk und das Medium der sich entwickelnden Sensibilität des Menschen wäre" (Marcuse 1969b: 194). Konkret bedeutet dies, dass die *eindimensionale Welt* verworfen wird und der falschen Rationalität, sowie den von ihr geschürten falschen Bedürfnisse ein Ende bereitet.

Darüber hinaus haben sich die Individuen von jeglicher Form von Fremdbestimmung losgelöst. Für Marcuse ist es ein Ausdruck von Autonomie, „wenn eine neue Form der Kontrolle von Männern und Frauen ausgeübt wird, die willens und in der Lage sind, den kapitalistischen Produktionsprozess in eine entschieden andere Lebensform umzugestalten" (Marcuse 1968f: 455; zitiert nach Kraushaar 1998a). Marcuse zufolge war aber die moderne Industriegesellschaft für die Entstehung der *Great Society* vonnöten: So bedurfte es Leid, um auf Grundlage dessen zur *sensibility* und neuer Rationalität zu gelangen (vgl. Marcuse 1969a: 60): „Diese Rezeptivität ist selbst der Boden des Schöpferischen – sie bildet den Gegensatz nicht zur Produktivität, sondern zur zerstörerischen Produktivität" (Marcuse 1973: 90). In dieser Phase werden Menschen ihm zufolge zu „agents of […] instinctual and environmental ‚pacification'" (Agger 1979: 137), um den Kapitalismus zu überwinden. Die neuen Bedürfnisse in der *Great Society* stellen eine Negation alter Bedürfnisse dar. Hierunter fasst Marcuse „zum Beispiel die Negation des Bedürfnisses nach dem Existenzkampf […], die Negation des Bedürfnisses, das Leben zu verdienen, Negation des Bedürfnisses nach einer verschwendenden, zerstörenden Produktivität, die mit Destruktion untrennbar verbunden ist, Negation des vitalen Bedürfnisses nach verlogener Triebunterdrückung“ (Marcuse 1967: 6).

Zwar ist die *Great Society* für Marcuse gleichbedeutend mit sexueller Befreiung des Menschen, doch um dies tatsächlich wahr werden zu lassen, bedarf es bereits vorab einer Art Renaissance von Rationalität und *sensibility*: „Sie sind nötig, um den Wandel herbeizuführen. Wir können unmöglich von Menschen, die in diese Gesellschaft hineingeboren wurden, erwarten, daß sie neue Institutionen und Beziehungen aufbauen, die befreien und emanzipieren“ (Roth 1985: 223). Ferner soll sich Sexualität in der *Great Society* durch *Liebe* auszeichnen, weil, ausgehend von der Gleichheit aller, jeder Mensch anderen Menschen gegenüber verpflichtet ist und sie und sich als höheres Wesen mit höheren Werten anerkennen soll (vgl. Marcuse 1968a: 198). Mit der *sensibility* kommt auch die Liebe zurück, sobald die *Great Society* ausgerufen wurde: Zu Zeiten der modernen Industriegesellschaft wurde Liebe über die „Verschmelzung der Sexualität mit ‚Zärtlichkeit‘“ (Marcuse 1968a: 198) definiert. In einer freien Gesellschaft ist es nach Marcuse möglich, jegliche Arten von non-genitalen Aktivitäten „be eroticized without losing their inherence in the realm of necessity (e.g. productive work)“ (Agger 1982: 326). Diese Möglichkeit besteht Marcuse zufolge, weil alle Bedürfnisse des Menschen „historisch bestimmt, historisch transformierbar“ sind: „Und der Bruch mit der Kontinuität der Bedürfnisse, die die Repression schon in sich tragen, der Sprung in die qualitative Differenz ist nicht etwas Ausgedachtes, sondern etwas, das in der Entwicklung der Produktivkräfte selbst angelegt ist“ (Marcuse 1967: 5). Aus Sicht Marcuses ist es unzureichend, lediglich „die kapitalistischen ‚Irrationalitäten‘ des modernen Produktionssystems“ (Roth 1985: 129) zu entfernen, um auf diesen Grundfesten eine neue Gesellschaft auszurufen. Denn so bliebe der Kern der modernen industriellen Herrschaft „mit seinen weitreichenden Auswirkungen für Mensch und Natur“ (Roth 1985: 129) unberührt.

Zwar ist eine tatsächliche Umsetzung der *Great Society* für Marcuse durchaus denkbar – so sind sämtliche „Kräfte, die für die Realisierung einer freien Gesellschaft eingesetzt werden können“ vorhanden. Den Grund, warum diese nicht genutzt werden, sieht er in „der totalen Mobilisierung der bestehenden Gesellschaft gegen ihre eigene Möglichkeit der Befreiung“ (Marcuse 1967: 4). Er ist sich aber auch über die Kräfte im Klaren, die dies verhindern könnten: „Die tatsächlichen Möglichkeiten der Befreiung, der Schaffung einer freien und vernünftigen Gesellschaft sind so überwältigend, so extrem, so ‚unmöglich' im Lichte des status quo, und zugleich sind die Mächte, die diesen Möglichkeiten entgegenstehen und ihre Verwirklichung als zweifelhaft erscheinen lassen, so stark, daß die Bemühung, diese Möglichkeiten zu verwirklichen, die ganze irrationale Rationalität des status quo transzendieren muß" (Marcuse 1965: 72; zitiert nach: Jansen 1999). Wichtig ist hierbei, dass diese *Transformation* weitreichende Veränderungen mit sich bringt, dergestalt, dass sie „den materiellen und geistigen Umbau der Gesellschaft begleitet und die neue Umwelt hervorbringt" (Marcuse 1969: 272; zitiert nach Marcuse 1984). Eine weitere Kraft, die die *Great Society* verhindern kann, sind die Menschen selbst: So kann es passieren, dass der Revolutionär sich von den sozial konstruktiven Zielen entfernt und nur noch um „a purely personal search for individual freedom" (Lipshires 1974: 82) bedacht ist. Darüber hinaus hat Marcuse Zweifel an der Tolerierung dieser neuen Gesellschaftsform von Seiten der etablierten Kräfte: „Toleranz, die das Lebenselement, das Kennzeichen einer freien Gesellschaft ist, wird niemals etwas sein, das von den bestimmten Mächten ‚gewährt' wird; sie kann unter den herrschenden Bedingungen einer Tyrannei der Mehrheit nur durch die hartnäckige Anstrengung radikaler Minderheiten erkämpft werden, die willens sind, diese Tyrannei zu brechen und an der Entstehung einer freien und souveränen Mehrheit zu arbeiten – durch intolerante Minderheiten also von militanter Unduldsamkeit und kämpferischem Ungehorsam gegenüber Verhaltensregeln, die Zerstörung und Unterdrückung tolerieren" (Marcuse 1968a: 334; zitiert nach Kraushaar 1998a). Weiterhin ist die *Great Society* dadurch charakterisiert, dass die Lebensqualität in einem Maße steigt, dass „die neuen Institutionen und Produktionsverhältnisse" (Marcuse 1969: 245; zitiert nach Marcuse 1984) die neuen „Bedürfnisse und Befriedigungen ausdrücken, die sehr verschieden, ja antagonistisch gegenüber jenen sind, die in den ausbeuterischen Gesellschaften vorherrschen" (Marcuse 1969: 245; zitiert nach Marcuse 1984). Die *Great Society* ist antikapitalistisch, gleichwohl sie auch Sozialismus ablehnt und von kapitalistischen Errungenschaften profitiert, wenn etwa die Maschinen beibehalten werden, die vom Kapitalismus erbracht wurden, „aber ohne zum

Feudalsystem zurückzukehren. Das würde das Ende der Arbeit sein und zugleich des kapitalistischen Systems" (Marcuse 1969f: 647; zitiert nach Kraushaar 1998a). Ihr Kampf ist antikommunistisch, gleichwohl sie Kommunisten sind, „for it aims beyond the established Communist systems" (Marcuse 1966). Diese neue Gesellschaftsform soll auch durch die oben genannten weiblichen Qualitäten bereichert und für die Individuen die Last der Erwerbsarbeit genommen werden, wovon sich Marcuse Wohlergehen aller verspricht (vgl. Marcuse 1974b: 786; zitiert nach Kraushaar 1998a).

Marcuse sieht keine Abkehr von Erwerbsarbeit vor, stattdessen soll die Erwerbsarbeit ein soziales Moment zugunsten der Allgemeinheit erhalten. Marcuse verspricht sich von diesem Druck, der den Individuen in der *Great Society* genommen wird, „eine der größten Errungenschaften der Zivilisation" (Marcuse 1969a: 22). So kontrollieren in der *Great Society* die Produzenten die Produktion und öffentlichen Organe, die Macht auf das öffentliche Leben ausüben (vgl. Aronowitz 2015: 1). Hiervon erhofft sich Marcuse „die Befreiung von der Knechtschaft, den Durchbruch des Bedürfnisses nach Befreiung" (Marcuse 1969b: 188). Marcuse kann sich „eine sozialistische Gesellschaft als freie Gesellschaft ohne die bestmögliche Ausnutzung und Anwendung der Wissenschaft und Technologie nicht vorstellen. Denn schließlich ist ja die Reduktion physischer Energie im Arbeitsprozeß, d.h. die Automatisierung gesellschaftlich notwendiger Arbeit, eine Grundvoraussetzung einer freien sozialistischen Gesellschaft" (Marcuse 1970a: 720; zitiert nach Kraushaar 1998a). Anders als in der modernen Industriegesellschaft, die mittels Konsumversprechen die Erwerbsarbeit erotisierte, ermöglicht die Erwerbsarbeit in der *Great Society* den Einzelnen „the creative and productive self-externalization of the ‚polymorphus erotic' individual who has been freed from surplus repression" (Agger 1979: 139).

Für Marcuse ist die, wie oben bereits angeschnitten, eine *polymorphe Sexualität* nur in der *Great Society* möglich. Er meint damit, dass Sexualität wieder erotisch wird und weniger genital ist, konkret würde dies auch Bisexualität bedeuten (vgl. Agger 1982: 327). Marcuse verspricht sich hiervon eine Intensivierung der Sexualität. Hierzu gehört auch, dass die patriarchalen Strukturen der modernen Industriegesellschaft aufgebrochen und dadurch ersetzt werden, dass nicht mehr zwischen männlichen und weiblichen Bedürfnissen unterschieden wird; stattdessen ist von „*menschliche*[n] Bedürfnisse[n] [Hervorhebung im Original]" (unbekannter Autor ohne Jahr; zitiert nach unbekannter Autor 1996: 87) die Rede: „Sie müssen in gemeinsamer Arbeit und in gemeinsamer Freude von Männern *und* von Frauen entdeckt *und* [Hervorhebung im Original] erfüllt werden" (unbekannter Autor ohne Jahr; zitiert nach unbekannter Autor 1996: 87). Die Resexualisierung der Körper bewirkt, die libidinösen Energien wieder zum Leben zu erwecken: „The imminent possibility of self-annihilation would thus be effectively eliminated" (Robinson 1969: 217). Weil er nicht den ganzen Tag als Instrument für Erwerbsarbeit zur Verfügung stehen muss, kann sich jeder Mensch der Befriedigung der eigenen Bedürfnisse widmen – dies wiederum hat einen positiven Effekt auch auf die Libido (Marcuse 1968a: 198–199). So wird den Menschen der Zwang genommen, sich zu reproduzieren: „Der Körper [wird] in seiner Gesamtheit […] ein Instrument der Lust. Diese Veränderung im Wert und im Ausmaß der libidinösen Beziehung würde zu einer Auflösung der Institutionen führen, in denen die privaten zwischenmenschlichen Beziehungen organisiert waren, besonders der monogamen und patriarchalen Familie" (Marcuse 1968a: 199).

4. Aktuelle utopische Theorien der sexuellen Befreiung der Frau aus feministischer Perspektive in analytischer Rückbindung an Marcuse

„*Restart and re-boot yourself*
You're free to go
[...]
Shout for joy if you get the chance"
[eigene Hervorhebung]
(U2 2009)

4.1 Beatriz Preciado[9]

Preciado zufolge ist der Status quo im Begriff, die alte, natürliche, heterozentristische Ordnung, welche die Unterwerfung von Körpern vorsieht (Preciado 2003: 10), aufrecht zu erhalten. Somit gilt Homosexualität als „**ein Unfall, der von der heterosexuellen Maschine produziert und zugunsten der Stabilität der Produktionspraktiken des Natürlichen als anti-natürlich, anormal und abjekt stigmatisiert wird** [Hervorhebung im Original]" (Preciado 2003: 17).

Bezogen auf das Sexualleben verlangt die bisherige Gesellschaft Preciado zufolge von den Menschen, ihre Körper als Ansammlung erregbarer Zonen wahrzunehmen, welche sich an der binären Aufteilung d.h. an der Unterscheidung in maskulin und feminin, orientieren. Dies führt dazu, dass „bestimmte Affekte mit bestimmten Organen, be-

9 Im Rahmen des Buches *Testo Junkie: Sex, Drugs, and Biopolitics in the pharmacopornographic era* (2008) unterzog sich Preciado einer Behandlung mit Testosteron und bezeichnet sich seitdem als transgender, aber dem männlichen Geschlecht zugewandt (vgl. Molina 2016). Daher verwende ich das Pronomen „er".

stimmten Wahrnehmungen mit bestimmten anatomischen Reaktionen zusammenfallen" (Preciado 2003: 14). Diese Ansammlung erkennt Marcuse auch, allerdings leitet er daraus ab, dass die Körper des genitalen Sexuallebens zugunsten der modernen Industriegesellschaft zur Verfügung stehen und in der Folge die Körper samt der sexuellen Bedürfnisse desexualisieren. Er gesteht aber auch, dass das, was von den Körpern übrig bleibt, der Befriedigung des Mannes dient, worin sich auch die bei Preciado zu findende Unsichtbarkeit der Frau widerspiegelt, wenngleich, wie im weiteren Verlauf der Analyse aufgezeigt, er Frauen den Status von verschiebbaren Wandpaneelen zugesteht.

Er unterscheidet sich insofern von Marcuse, als dass Marcuse bei der Ausgestaltung der Sexualität im Status quo die reproduktive Komponente betont. Nichtsdestotrotz eint beide Theorien, dass sie die gegenwärtige Gesellschaft als zulasten der Frauen bewerten, ebenfalls legen beide Wert darauf, dass in diesem gesellschaftlichen Stadium die Binarität der Geschlechter besteht.

Konkret manifestiert sich für Preciado diese heterozentristische Weltsicht in der Männer-Zeitschrift *Playboy*. Jene vermittelt ihm zufolge zum einem ein neues Konsumverhalten, aber „auch eine neue Form des Empfindens, Begehrens und der sexuellen Praxis" (Preciado 2014: 21). Bei Marcuse übernimmt die moderne Industriegesellschaft selbst diese Funktion, da sie immer neue, medial unterstützte Bedürfnisse schürt, dies in der Folge den Menschen ihre immanente Kontrolle gar nicht mehr bewusst ist und auch dazu führt, dass Sexualität nur reproduktive Funktion hat. Daneben findet bei Preciado eine Abkehr von familiären Werten statt, sträubt sich gegen „Kritik an männlicher Herrschaft „und heterosexuellen Institutionen, die in den aufkommenden Frauen- und Homosexuellenbewegungen Gestalt anzunehmen begann" (Preciado 2014: 32) und reduziert Frauen im *Playboy* mittels fotografischer Abbildungen, in ihrem Unterbewusstsein im Habitus und Kindlichkeit im Exterieur gemäß dem „Stumpfsinn des männlichen Blicks" und verkommt auf diese Art „zum einfältigen und naiven Hebel, dessen sich der visuelle Masturbationsmechanismus des *Playboy* [Hervorhebung im Original] bediente" (Preciado 2014: 37). Marcuse erkennt auch diesen Stumpfsinn, nur dass ihm zufolge Sexualität von der modernen Industriegesellschaft als Marke Verwendung findet, aber auch für den beruflichen Aufstieg genutzt wird, manifestiert wird dies bei Marcuse unter anderem in der sexy Sekretärin. Darüber hinaus beschreibt Marcuse die Familienordnung in der modernen Industriegesellschaft als monogam und patriarchal (vgl. Marcuse 1968a: 199), so bleiben familiäre Werte intakt, wenngleich es an Liebe mangelt.

Bei Preciado ist die praktizierte Sexualität in dieser Gesellschaftsordnung „ein sozialer „Produktionsapparat von Weiblichkeit und Männlichkeit, der mit Teilung und Fragmentierung des Körpers operiert“ (Preciado 2003: 14). Hier ist die Aufgabe von Männern und Frauen zwar die Aufrechterhaltung der (erwerbstätigen) Produktion und Reproduktion (von Arbeitskräften), allerdings obliegt es allein Frauen, die dem System sexuell und erwerbstätig Unterworfene zu sein (vgl. Preciado 2003: 15). Hier stimmt Marcuse ebenfalls überein, wobei Frauen Marcuse zufolge eigenen Kindern unterworfen sind und beruflich in einer patriarchal organisierten Gesellschaft das Nachsehen haben. In Anbetracht dessen, dass es sich bei der Heterosexualität um etwas handelt, welches frei natürlichen Ursprungs ist, „lassen sich ihre Produktionspraktiken sexueller Identität invertieren“ (Preciado 2003: 17), womit homosexuelle Frauen ‚Genugtuung‘ erfahren sollen. Dabei betont Preciado, dass es Männern im gegenwärtigen Stadium möglich ist, sich „eine Kopie des weiblichen Körpers in seiner Gesamtheit [zu] kaufen, während Frauen sich mit einer Nachbildung des Penis begnügen müssen“ (Preciado 2003: 57). Aus Ermangelung körperlicher (polymorpher) Sexualität entwickeln heterosexuelle Frauen Marcuse zufolge die Handlungsmacht, die Gesellschaft aufgrund der Reaktivierung ihrer feministischer Qualitäten positiv zu verändern.

In Hinblick auf die Repressionsmechanismen auf die sexuelle Befreiung der Frau im Status quo ist Marcuse differenzierter als Preciado: So sieht Marcuse zum einen eine ökonomische Dimension, wonach es Frauen nicht möglich ist, in Gestalt von Firmeninhaberinnen am Erwerbsleben teilzuhaben, zum anderen werden Frauen Marcuse zufolge im Erwerbsleben sexuell stilisiert (etwa in der bereits oben genannten sexy Sekretärin).

So überwiegt bei Preciado, um Marcuses Begriffe zu verwenden, das *performance principle*, während Marcuse den Fokus auf das Zusammenspiel von *performance principle* und *surplus repression* richtet. Wie bereits oben betont, ist die Männerzeitschrift *Playboy* für Preciado

Ausdruck männlicher, heterozentristischer Ordnung, welche an das „sexuelle Begehren der (idealerweise als männlich, weiß und heterosexuell imaginierten) Leser [appelliert]; er legte die fleischliche Dimension ihrer Konsumpraktiken bloß, indem er auf die Einbeziehung ihrer Körper und Affekte bestand“ (Preciado 2014: 21) und auch aus der sich eine neue männliche Sexualität generiert. Hieraus formiert sich ein autonomer Lebensbereich jenseits der heterosexuellen Ehe (vgl. Preciado 2014: 23). So definiert der *Playboy* von Männern praktizierte Sexualität als heterosexuell und polygam, die „‚sauber‘, ‚gesund‘ und ‚rational‘“ ist: „Während die monogame Ehe und die Homosexualität mit Schuld und Verdrängung assoziiert waren, stand die neue Praxis gesunder Heterosexualität im Zeichen von Freiheit und Vergnügen“ (Preciado 2014: 36).

Was die Manifestation männlicher Sexualität in Gestalt des *Playboy* auf gesellschaftlicher Ebene betrifft, geht Marcuse weiter als Preciado, weil er in der gegenwärtigen Gesellschaft die Möglichkeiten der „erotische[n] Entwicklung“ der Frau behindert sieht und das Sexualleben der Frauen „als Mittel zum Zweck der Fortpflanzung oder Prostitution objektiviert“ (Marcuse 1974: 13; zitiert nach Marcuse 1975) wurde. Als einen der Gründe erachtet Marcuse die mediale Aufbereitung des weiblichen Körpers (auch bei Marcuse am Beispiel Playboy illustriert): Hier erhalten weibliche Körper den Status der „begehrten Ware mit hohem Tauschwert. [...]. Natürlich dient dieses neue Körper-Image dazu, die Umsätze zu steigern, und die künstliche Schönheit ist nicht gerade das Wahre; aber man weckt derart ästhetisch-sinnliche Bedürfnisse, die, entwickelt, unvereinbar werden müssen mit dem Körper als Instrument entfremdeter Arbeit“ (Marcuse 1973: 92). Preciado zufolge deklariert der *Playboy* gelebte Sexualität zur öffentlichen Angelegenheit, während sie zuvor dem Privaten zugerechnet wurde. So animiert der *Playboy* ihm zufolge die Männer dazu, als eigenständiger und selbstbewusster Akteur aufzutreten: Er soll immer auf der Suche nach neuer „sexueller Erregung“ sein, aber sein Bestreben soll darauf gerichtet werden, den „anderen Pol“, den des Privatmenschen, der mitunter auch Frau und Kind hat, nicht zu vernachlässigen (vgl. Preciado 2014: 40). Der Lebensmittelpunkt richtet sich aber nichtsdestotrotz auf Modernität, Ausdruck findend im unersättlichen Konsumbedürfnis, einer Stadtwohnung und stetiger Libido und grenzt sich somit ab vom einstigen „Mythos des ‚verliebten (heterosexuellen) Paares'" (Preciado 2014: 43). Hierunter, unter diesen modernen Lifestyle, fasst Preciado auch Luxusgüter, die für ihn stets einen sexuell aufgeladenen Impetus haben, sodass sich der moderne Mann hieran ergötzen kann: „Das Objekt kann auf eine als männlich kodifizierte Technologie verweisen (Telefon, Hammer, Auto etc.) oder ein leicht wiedererkennbares Zeichen kulturell als männlich konnotierter Gewohnheiten sein (Pfeife, Krawatte, Zigarre etc.). Telefon oder Zigarre sind nichts anderes als Hinweise auf die den pornographischen Blick inhärenten Produktionsmechanismen. Sie enthüllen uns, für wessen Auge diese Übung visueller Masturbation gedacht ist" (Preciado 2014: 48).

Ebenso wie diese materielle Dimension gibt dieser Lifestyle auch gewisse Umgangsformen mit jungem Damenbesuch vor, deren Haut mit Grillfleisch assoziiert wird (vgl. Preciado 2014: 65): So legt der Playboy Wert darauf, dass eben jener Damenbesuch nur für ihn selbst sichtbar ist, nur er sich an ihrer interimistischer Präsenz erfreuen kann und nur für ihn sexuellen Genuss bedeutet: „Mit den Besucherinnen verfährt der Junggeselle nach demselben Motto wie mit den verschiebbaren Wandpaneelen der Küche. Jetzt kannst du sie sehen, gleich sind sie verschwunden" (Preciado 2014: 64). In diesen Überlegungen ist Preciado weiter als Marcuse, weil er die männliche Sexualität in seiner Gänze beschreibt, während Marcuse von einer totalitären und patriarchalen Gesellschaft ausgeht, die sich sexuell in den oben aufgezeigten Merkmalen äußert. Dessen ungeachtet stimmt Marcuse mit Preciado in dem Punkt überein, dass Sexualität eine öffentliche Angelegenheit ist, allerdings fallen für Marcuse Sexualitäts- und Staatsverständnis zusammen, wenn, aufgrund der Übermacht des Patriarchats, Frauen kein eigenständiges Leben bleibt und sie mit Blick auf ihre Bedürfnisse stets zurückstecken müssen.

Den Grund für eine Transformation leitet Preciado aus der Erkenntnis ab, dass keine Identität, weder die männliche des Playboy noch die weibliche als Arbeitskraft für die heterozentristische Ordnung, natürlich und in sich selbst geschlossen ist: „Es gibt keine historische Kausalität, die die bereits stattfindenden Veränderungen legitimieren könnte" (Preciado 2003: 12). Zwar anknüpfend an den *Playboy*-Lifestyle, aber mit der Absicht, diese zu durchbrechen, besteht für Preciado darin, die „Kernfamilie als Zelle der Produktion, der Reproduktion und des Konsums" abzuschaffen, weil dem der Ursprung des Heterozentrismus, mit den „reproduktiven und ökonomischen Ziele[n]" (Preciado 2003: 30) eigen ist. Damit ist sein Grund insofern ähnlich zu dem, den Marcuse eingebracht hat, als dass auch Marcuse zufolge mit einer Transformation Unrecht aus der bisherigen Gesellschaft beglichen wird. Gemäß Marcuse ist es allerdings relevant, dass insbesondere Frauen überhaupt diese Repressionen erlebt haben, um sich dagegen auflehnen und hieraus ihre Kraft schöpfen zu können.

Im Gegensatz dazu lässt Preciado offen, wer die Transformation trägt, weil es ihm im Wesentlichen darauf ankommt, die bisherige Gesellschaft zu negieren: Die Unterscheidung von privat und öffentlich greift Preciado auf, um jene Überlegung als Ausgangspunkt der Aushandlung und Dekonstruktion zugunsten neuer kontrasexueller Räume zu nehmen (vgl. Preciado 2003: 31). In der hieraus entstehenden Kontra-Sexualität werden Prostitution und Pornografie abgeschafft, weil sie auf den Heterozentrismus zurückgehen, Männern und Frauen klar definierte Rollen und Körper zuschreiben und damit Legitimation erhalten hatten. Stattdessen beabsichtigt die Kontra-Sexualität „eine Kontra-Produktion von Lust und Wissen im Rahmen eines Systems kontrasexueller Kontra-Ökonomie entwickeln" (Preciado 2003: 31). Marcuse selbst thematisiert in seinen Werken nicht Prostitution und Pornografie, so ist unklar, ob es dies in der *Great Society* gäben könnte: Zum einen gibt es in der *Great Society* ungebundene (binär orientierte) Menschen, die frei in ihrer Sexualität sind und es kommt nicht auf die Zurschaustellung von Äußerlichkeiten im Stile des *Playboy* an. Zum anderen halten mit Pornografie und Prostitution wieder patriarchale Strukturen Einzug und es kommt somit wieder zur sexualisierten Stilisierung von weiblichen Körpern. Die Feindbilder, gegen welche Preciado mit der Kontra-Sexualität ins Feld zieht, sind „das Begehren, die Erregung und der Orgasmus, allesamt manipulative Produkte einer Sexualität im Dienste der Fortpflanzung" (Heider 2014: 273). Stattdessen müssen neue Organe, neue Ausdrucksweisen des sexuellen Begehrens gefunden werden, die fernab des „Rohstoff[s] des Ficks" liegen, „jenes Zentrum, das Begehren gibt und Begehren nimmt, in die Luft jagen" (Preciado 2003:60). Es besteht von Preciado und Marcuse Einigkeit darüber, dass die vormalige Sexualität als Feindbild (bei Marcuse im Sinne von Reproduktion) gesehen wird, allerdings soll sich die neuerliche Sexualität bei Marcuse in einer Rückkehr von *sensibility* (im Sinne von Selbstbestimmtheit über den eigenen Körper, das sich somit von der Fremdbestimmung zu Zeiten der modernen Industriegesellschaft abgrenzt), Liebe und in Gestalt von selbst zu bestimmenden *wahren Bedürfnissen* ausdrücken. Die gesellschaftlichen und kognitiven Prozesse, die die Transformation hin zur Kontra-Sexualität bei Preciado begleiten, beziehen sich auf „systematische[n] Dekonstruktion sowohl der Naturalisierung der sexuellen Praktiken als auch der Geschlechterordnung" (Preciado 2003: 11), welches wiederum „die Gleichwertigkeit (und nicht die Gleichheit) aller sprechenden Körper-Subjekte" (Preciado 2003: 11) und den Penis dekonstruiert und vom Dildo und Artverwandtem („die Finger, die Zungen, die Vibratoren, die Gurken, die Karotten, die Arme, die Unterschenkel, die ganzen Körper, etc. – genauso wie alle seine semantischen Variationen – die Zigarren, die Gewehre, die Knüppel, das Geld etc." (Preciado 2003: 25)) ersetzt wird.

Wie schon deutlich geworden ist, bedarf es bei Marcuse keinerlei Hilfsmittel, um die sexuelle Befreiung durchzusetzen. So kommt es ihm in der *Great Society* darauf an, dass Sexualität und Liebe eine Einheit bilden; weitere Informationen gibt Marcuse allerdings nicht, etwa, wie sich die durch Sexualität geadelte Liebe praktisch äußern soll. Nichtsdestotrotz betont Marcuse, dass die Errungenschaften der modernen Industriegesellschaft nicht (gänzlich) negiert werden sollen. So ist es Marcuse wichtig, dass keine Rückkehr in eine feudale Gesellschaft erfolgt, doch inwieweit sich dies auf die Sexualität auswirkt, ist unklar. Der größte Unterschied von Marcuse und Preciado besteht in der praktischen Durchführung des Transformationsbedürfnisses: Während Marcuse seine Hoffnung in die Methoden der ‚Politik von unten' setzt, sieht Preciado konkrete sexuelle, nach Maßstäben der bisherigen Gesellschaft als pervers geltende Praktiken als Notwendigkeit, um die alte Gesellschaft zu überwinden. Somit ist die Kontra-Sexualität nach Preciado praktischen als kognitiv entwickelten Ursprungs; bei Marcuse verhält es sich, in Gestalt der *Great Society*, umgekehrt. Nichtsdestotrotz eint beide Theorien das physische Moment, das allerdings bei Preciado in schmerzhaften sexuellen Praktiken besteht, während Marcuse, wie eingangs beschrieben, insbesondere bei Frauen, ein aktives körperliches Wehren vorsieht.

Die von Preciado vorgesehene Dekonstruktion der heterozentristischen Ordnung und das Ersetzen sexueller Umgangsformen durch augenblicklich abnormale Praktiken ist der erste Schritt gen Aufbau einer Kontra-Sexualität. Ein weiterer Prozess besteht darin, den Orgasmus zu parodieren und zu simulieren (vgl. Preciado 2003: 26; vgl. Heider 2014: 273) und darum, Penis und Vagina durch den Dildo zu ersetzen, um der sexuellen Lust ihre Bestimmung zu nehmen und um Sex nicht mehr, in Anbetracht der Trias aus Vorspiel, Penetration und männlicher Ejakulation, als ‚the real thing' aufzufassen: „The female is expected to reach orgasm during coitus, but if she does not, the legitimacy of the act as ‚real sex' is not thereby diminished" (Maines 1999: 5). In Anbetracht des Abgrenzungswunsches von der vorigen Gesellschaft dient es auch dazu, sich der Regulation des Sexes als Akt zu entsagen: „With the development of capitalism, a series of moral and social rules are created to manage sexuality and dissent (deviations or abnormalities)" (Pérez Freire 2013: 60). Der Logik des neoliberalen Kapitalismus folgend, betont Pérez Freire: „The logic of neoliberal capitalism, focused on the individual will as maximum expression of modernity, has turned sex into the main production means" (Pérez Freire 2013: 58). In diesem Punkt stimmt Marcuse überein, wenngleich er in seiner Analyse weitergeht und den Kapitalismus als totalitär und von Grund auf böse erachtet, sowie den Fokus auf Reproduktion legt und Selbstaufgabe von den Menschen (und sich in totaler Kontrolle, externer Bestimmung ausdrückt) voraussetzt. Verstärkt wird diese immanente Aggression durch den Mangel an Liebe.

Daneben sieht Preciado für die Kontra-Sexualität vor, dass die Mitglieder untereinander Verträge für einen gewissen, von ihm nicht näher bestimmten Zeitraum schließen: „Von den Beteiligten wird verlangt, die naturalisierenden Fiktionen (Heirat, Paarbildung, Romantik, Eifersucht ...), die durch ihre sexuellen Praktiken legitimiert werden, sichtbar zu machen" (Preciado 2003: 26–27). Wichtig ist hierbei, dass die Verträge einvernehmlich geschlossen werden. Im Zentrum der Kontra-Sexualität steht für ihn der Dildo: Die dahinter stehende Logik „verweist auf die transzendentale Möglichkeit, einem arbiträren Organ die Macht zuzusprechen, die sexuelle und geschlechtliche Differenz zu begründen" (Preciado 2003: 60). Denn: „Der Dildo verneint die Tatsache, dass Lust etwas ist, das in einem Organ stattfindet, das dem Ich gehört" (Preciado 2003: 61). Gemäß der Kontra-Sexualität handelt es sich beim Sex um eine Technologie; ferner betrachtet Preciado „die unterschiedlichen Elemente des Systems Sex/ Gender – [...] – als **Maschinen, Produkte, Werkzeuge, Apparate** [Hervorhebung im Original]" (Preciado 2003: 11). Zwar stimmt Marcuse in dem Punkt überein, dass einzig in einer neuen Gesellschaft Sexualität befreit ist, allerdings sieht Marcuse hierzu keinesfalls Verträge vor, stattdessen überlässt er die freien Körper, wie bereits oben betont, sich selbst; ihm ist es wichtig, dass die neue Gesellschaft von feministischen Qualitäten getragen wird und friedliches Zusammenleben besteht. Wie bereits angeschnitten, ist nicht komplett auszuschließen, dass in der *Great Society* Dildos und ähnliche Hilfsmittel zum Einsatz kommen (weil es primär wichtig ist, nicht zu feudalen Strukturen zurückzukehren). Für den Gebrauch derartiger Hilfsmittel spricht allerdings, dass auf diese Weise sexuelles Experimentieren dank der Kulmination in einem Objekt erleichtert wird (auch für homoerotische Erfahrungen). Gegen diese Überlegung spricht, dass das so geschürte Konsumbedürfnis seinen Ursprung im abgeschafften menschenfeindlichen Kapitalismus hat, wenngleich der Gebrauch von Dildos et alia der gewünschten Reproduktion hinderlich sind.

Zentral für die praktische Herbeiführung der Kontra-Sexualität gemäß Preciado ist der Anus, der zu Zeiten des Heterozentrismus' passiv war, nun aber zum „Zentrum der Produktion von Erregung und Lust" (Preciado 2003: 19) wird. Der Anus ist ihm zufolge sowohl bei den (einstigen)[10] Männern und (einstigen) Frauen „ein universales erogenes Zentrum, das außerhalb der durch die sexuelle Differenz erzwungenen anatomischen Grenzen liegt und in dem die Rollen und Register als universal umkehrbar erscheinen" (Preciado 2003: 18–19).

Das Ziel der kontrasexuellen Praktiken, die vormals als pervers galten, ist es, „der kontrasexuellen Gesellschaft zum Durchbruch verhelfen" (Heider 2014: 273). Hierzu bedarf es, wie oben bereits angedeutet, der Loslösung von Vagina und Penis, die sinnbildlich für eine

10 Diese Einschränkung erfolgt, weil in Zeiten der Kontra-Sexualität zum einen jeder Körper „einen neuen Namen" (Preciado 2003: 23; vgl. auch Preciado 2003: 10) bekommt und zweitens eine Beschneidung, Kastration und/ oder Amputation den Geschlechtern eigenen Merkmalen von Seiten Preciados nicht offiziell vorgesehen ist.

auf Fortpflanzung ausgerichtete Sexualität standen, an deren Stelle in der Kontra-Sexualität der Dildo tritt. Wie Heider betont, verpflichten sich die Mitglieder der Kontra-Sexualität, sich diesen Praktiken „[m]ehrere Stunden am Tag" zu widmen, wenngleich dies „harte[n], schmerz- und Unlust bereitende[n] Arbeit" bedeutet, „die der Umerziehung der Menschen dient" (Heider 2014: 274). Kurzum: „Sexueller Genuss ist verpönt" (Heider 2014: 275).

Als konkrete Praktik sieht Preciado vor, Fistfucking „als Beispiel kontrasexueller Hochtechnologie" (Preciado 2003: 18) anzuerkennen, weil dies zum einen dem Anus die ehemalige Passivität nimmt und zum anderen konträr zu heterosexuellen Praktiken steht, sein Fokus nicht auf sexueller Reproduktion liegt und „auf keinem romantischen Verhältnis [basiert]. [Die Arbeit des Anus] schafft einen Gewinn, der innerhalb einer heterozentristischen Ökonomie nicht ermessbar ist" (Preciado 2003: 19). Da Kontra-Sexualität im Besonderen auf Sex als Akt der Emanzipation und sexueller Befreiung fußt, kommt es auch zur „Abschaffung der Heirat und all ihrer liberalen Ersatzformen". Denn: „Kein sexueller Vertrag soll den Staat zum Zeugen machen" (Preciado 2003: 24). Um ungewollten Kindern vorzubeugen, sieht er Verhütungsmittel vor, die gratis ausgegeben werden, sowie „Forschungsgruppen zur Krankheitsprävention" (Preciado 2003: 28) einzurichten und zu fördern. Falls doch Kinder ungewollt geboren werden, haben sie ihm zufolge ein Anrecht darauf, im Sinne der Kontra-Sexualität erzogen zu werden (vgl. Preciado 2003: 27). Diese, von Preciado vorgesehenen Merkmale einer gewandelten Sexualität, Zeitverträge, die zentrale Stellung des Dildos und Sex als schmerzhafte Erfahrung (dies wird im Folgenden näher ausgeführt) stellen das komplette Gegenteil von Marcuses Entwurf der Sexualität in der *Great Society* dar, weil die Sexualität hier auf Freiheit und Genuss ausgerichtet sein soll. Beide Theorien eint allerdings, dass in einer neuen Gesellschaftsform alles Alte negiert und ein sexuelles Experimentieren eröffnet wird (wenngleich Preciado dies mittels der oben beschriebenen Verträge auf Zeit regeln will, während Marcuse die freie Lustorientierung der Körper begrüßt und auch Bisexualität als sexuelle Orientierung für möglich erachtet. Ebenfalls einend ist, dass sowohl bei Marcuse als auch bei Preciado eine Angleichung von Homo- und Heterosexuellen im Hinblick auf gesellschaftliche Teilhabe und Akzeptanz vorgesehen ist (jedenfalls lehnen beide das Gegenteil nicht deutlich ab).

Solche Praktiken sind um des Experimentierens willen für Marcuse nicht a priori ausgeschlossen, dennoch sieht Marcuse für die *Great Society* die Erotisierung des ganzen Menschen vor, worunter auch Berührungen fallen, die frei von Scham sind. Da Marcuse erst in seinem Spätwerk die *Great Society* entwickelte, bleibt diese in Detailfragen wie etwa zu Fragen der (längerfristigen) Partnerschaft und sexuellen Orientierungen und Verhaltensweisen unterdefiniert; ebenso unklar verhält es sich bei Marcuse mit Blick auf zu Zeiten der modernen Industriegesellschaft erworbenen ökonomischen Privilegien (Marcuse lässt auch die Wirtschaftsordnung im Unklaren: so ist es möglich, alles in gesamtgesellschaftliches Eigentum zu überführen oder den Privatbesitz beizubehalten; wahrscheinlicher ist allerdings erstgenanntes, weil in der *Great Society* sich jeder Mensch gemäß der eigenen Fähigkeiten einbringt und diejenigen keine Nachteile haben sollen, die kein Geld oder Besitz haben). Preciado hingegen spricht den Mitgliedern der Kontra-Sexualität die ökonomischen Privilegien ab, weil diese zu Zeiten der vorigen Gesellschaft unrechtmäßig zugesprochen wurden.

Sofern die Kontra-Sexualität erreicht ist, werden auch die Bezeichnungen ‚maskulin' und ‚feminin' abgeschafft: „Die Codes der Maskulinität und der Feminität werden im Rahmen der einvernehmlich geschlossenen Zeitverträge zu offenen Registern, die den Körpern zur Verfügung stehen" (Preciado 2003: 23). Es kommt im Zuge der Kontra-Sexualität zur Abschaffung „der sozialen und ökonomischen Privilegien" (Preciado 2003: 24) und zur „Abschaffung der systematisch und gesetzlich geregelten Weitergabe erbrechtlicher und ökonomischer Privilegien" (Preciado 2003: 24), weil diese mittels des abgeschafften Kapitalismus' mit heterozentrischer Prägung erlangt wurden. Nun tritt auch die oben erwähnte Regelung in Kraft, dass Individuen miteinander Verträge auf Zeit schließen (vgl. Preciado 2003: 27). Dabei ist die Anzahl der geschlossenen Verträge unbegrenzt; wichtig ist nur, dass sich die Mitglieder der Ausübung kontrasexueller Praktiken verpflichten (vgl. Preciado 2003: 27). Die Sexualität hat sich insofern gewandelt, als dass bei Preciado mittels des Dildos eine Resexualisierung des Körpers stattfindet, weil alle Körper wieder zu Instrumenten der Lust im Sinne Marcuses werden können und es möglich ist, überall am Körper ein Dildo zu befestigen und sämtliche Punkte am Körper „eine Eingangs-Öffnung, ein Fluchtpunkt, ein Entladungszentrum, eine visuelle Achse der Passion-Aktion" (Preciado 2003: 19) darstellen. Sofern sich (einstige) Frauen und (einstige) Männer mit Dildos penetrieren, ist offen, wer den einstige aktiv-männlichen bzw. den passiv-weiblichen Part im Rahmen einer kontrasexuellen Handlung übernimmt (vgl. Preciado 2003: 66). Da beide (einstige) Geschlechter über einen erregbaren Anus verfügen, rückt dieser ins Zentrum der sexuellen Arbeit, der somit resexualisiert wird (vgl. Preciado 2003: 25). Trotz dieser Übereinstimmung in der Resexualisierung unterscheiden sich Preciados Überlegungen dadurch von denen Marcuses, als dass er es nur durch schmerzhafte und zeitaufwändige Erfahrungen erst als möglich erachtet. Ein weiterer Unterschied besteht darin, dass mittels der als notwendig angesehenen Geschlechtsumwandlungen und sadomasochistischen Praktiken wieder Machtstrukturen eingeführt werden. Damit alles „Loch und Klitoris" (vgl. Preciado 2003: 65) werden kann, sieht Preciado „Geschlechtsumwandlung[en] [als] eine Art öffentliche Gebrauchschirurgie, gleich ob frei gewählt oder Zwängen folgend. Diese Operationen sollen nicht dazu dienen, mit dem Körper die Idee einer maskulinen oder femininen Kohärenz weiterzuführen" (Preciado 2003: 28). Ebenfalls denkbar sind für ihn Interventionen, die auf „die virtuelle Erkundung der Geschlechts- und Sexumwandlung durch Travestie, die In-Vitro-Produktion einer Cyber-Klitoris, die an verschiedenen Stellen des Körpers implantiert werden kann, die Transformation verschiedener Körperorgane in Transplantations-Dildos etc." (Preciado 2003: 29) aus sind.

Ein Beispiel[11] für eine kontrasexuelle Praktik ist die Zitation „des Dildo auf einem Kopf" (im Folgenden: Preciado 2003: 47ff.) [sämtliche Hervorhebungen im Original]:

> „**Prinzip dieser Praktik:** die Logik des Dildos.
> **Technologie:** kontrasexuelle Übersetzung des Dildos auf einen Kopf oder Dildotektonik, die auf einen Kopf angewandt wird.

11 Die anderen beiden von ihm eingebrachten Praktiken sind zum einen das „Zitat eines Dildos auf High-Heels, gefolgt von einem analen Selbst-Fick" (Preciado 2003: 39; Beschreibung dessen: Preciado 2003: 39ff., zum anderen das „Zitat des Dildos auf einen Unterarm" (Preciado 2003: 43; Beschreibung dessen: Preciado 2003: 43ff.).

> **Anzahl der Körper, die an dieser Praktik teilnehmen:** Drei.
> **Material:** ein roter Marker, 75 ml rot gefärbtes (ungiftiges) Wasser, eine Haarschneidemaschine
> **Gesamtdauer:** 2'5".
> **Beschreibung der Praktik:** drei Körper schließen einen kontrasexuellen Vertrag mit dem Ziel, die Praktik, einen Dildo auf einen Kopf zu zitieren, näher kennen zu lernen und zu verbessern. Die Praktik wird so oft ausgeübt, bis es gelingt, alle Körper wenigstens einmal in die Position zu bringen, das Zitat zu empfangen. Zwei Körper rasieren zuerst den Kopf des dritten Körpers. Das Verfahren der somatischen Übersetzung wird durch das Dildo-Zitat auf der Oberfläche eines rasierten Kopfes realisiert, indem ein Dildo mit einem roten Marker auf die Haut gezeichnet wird. Der Körper, der das Zitat empfängt, hat 75 ml rot gefärbtes Wasser im Mund. Er hält sich zwischen zwei anderen Körpern aufrecht. Die den Dildo bearbeitenden Körper reiben den Kopf-Dildo in regelmäßigem Rhythmus und lassen dabei ihre Hände von oben nach unten gleiten (Operation: einen Kopf-Dildo reiben). Alle 40 Sekunden spuckt der Kopf-Dildo das rote Wasser aus und sieht dabei in den Himmel. Innerhalb von zwei Minuten hat er das rote Wasser drei Mal ausgespuckt. Unmittelbar nach dem dritten Spucken wird der Kopf-Dildo einen schrillen Schrei ausstoßen, um einen gewaltigen Orgasmus zu simulieren.
> Die Praktik beginnt jedes Mal mit dem Rasieren des Kopfes (Operation: Haare schneiden) und kann sich über mehrere Tage hinziehen. In dieser vertraglichen Periode teilen die drei Körper die Bedingung es Geschoren-Seins und daher beginnt die Praktik damit, den Dildo auf den Kopf eines der Beteiligten zu zitieren. Die an den Vertrag gebundenen Körper lernen die Übung der Kopfmassage und bringen extreme Zähigkeit auf, um zu Experten in der Kunst der Orgasmussimulation zu werden".

Eine Penetration mit Dildos ist insbesondere für (einstige) Frauen aus sexuell befreienden Momenten hilfreich (und auch heilend): Wenn sie eine solche Penetration mit einer anderen (einstigen) Frau ausübt, untergraben sie die männliche Monopolstellung (vgl. Fahs; Swank 2013: 670), weil sie die eigene Sexualität selbstbestimmt und am Lustprinzip nach Marcuse orientiert, ausübt. Darüber hinaus nehmen sie dem Dildo seinen oppressiven Charakter, den er gemäß des neoliberalen Kapitalismus' hatte (vgl. Das 2014: 695). Zuletzt ermöglicht die Kontra-Sexualität den (einstigen) Frauen eine Subjekt-Werdung im Sinne ihrer eigenen sexuellen Bedürfnisse (vgl. Das 1999: 695) und ermöglichen so eine lustvolle Beziehung zum eigenen Körper (vgl. Das 1999: 695). Mit dieser sexuellen Arbeit gestattet Preciado den Mitgliedern eine Entdeckung eigener sexueller Bedürfnisse, die unter kapitalistischen Charakteristika gemäß Marcuse nie zur Geltung kommen durften:

„Die Universalisierung aller Praktiken, die im Rahmen des Heterozentrismus als abjekt stigmatisiert wurden“ (Preciado 2003: 24–25). Zwar sind in der Kontra-Sexualität Heterozentrismus und ein konservatives Bild von Sexualität und Zusammenleben aufgehoben, allerdings treten mit den von Preciado anstatt vorgesehenen Vorgaben für Sexualität, Liebe und Partnerschaft neue Instanzen der Kontrolle und Herrschaft über Körper auf den Plan, weil die Mitglieder zum Praktizieren gezwungen werden und die Mitglieder regelmäßig Schmerzen gegen Lustgewinn und vor allem sexuelle Negation der alten Gesellschaftsform aufwiegen müssen. Daher hat die Kontra-Sexualität im Sinne Preciados wenig mit der *Great Society* gemäß Marcuses gemein.

4.2 Amy Allen

Amy Allen erkennt in der gegenwärtigen Welt globale Ungerechtigkeiten, in welcher nicht allen Menschen dasselbe Ausmaß an Partizipationsmöglichkeiten gewährt wird (vgl. Allen 2012: 826). Hierbei lässt sie allerdings offen, auf welche Ungerechtigkeiten sie aus ist, ebenfalls unklar bleibt, wie sich zum einen das Ausmaß an Partizipation äußert und wen es konkret einschließen soll. Hierbei ist Marcuse konkreter, insofern er die moderne Industriegesellschaft als totalitär und bösartig charakterisiert und dabei primär die USA vor Augen hat, die in Vietnam Mitte der 1960er Jahre Krieg führten.

Aus ihrer Sicht haben die bisherigen Theoriekonzepte von Macht und Herrschaft in Anbetracht der besonderen ökonomischen und gesellschaftlichen Situation von Frauen signifikante Schwächen: So legen ihrer Ansicht nach Feministinnen entweder ihren Fokus auf die Macht, die Männer über Frauen haben [*domination*] oder es geht ihnen darum, Wege aufzuzeigen, wie Frauen zu handeln haben [*empowerment*] (vgl. Allen 1998: 22). Die hieraus resultierende Einseitigkeit der Ansätze ist Allen zufolge aus zweierlei Gründen problematisch: Erstens hat das Augenmerk auf einen der beiden Aspekte zur Folge, dass „obscures the other forms of oppression that are interwined with women‘s subordination“ (Allen 1998: 31). Zweitens macht ein einseitiger Ansatz jedes Konzept von Macht „incapable relations in which women find themselves“ (Allen 1998: 31). Dies bedeutet ihr zufolge, dass „keine komplexen Machtbeziehungen erfasst werden, in denen Personen im Kontext derselben Institution, Norm oder Praxis zugleich beherrscht und empowered sein können“ (Kley 2013: 210). In Allens Punkt der Einseitigkeit von Machtverhältnissen stimmt Marcuse überein, weil sich für ihn die gesellschaftliche Macht im Wesentlichen über das Ökonomische definiert. Nichtsdestotrotz beweist Marcuse, dass aus der einstigen *domination* über Frauen *empowerment* von Frauen erwachsen kann; dies reicht für Marcuse so weit, dass im Besonderen Frauen zu Trägerinnen von Widerstandsqualitäten werden und mittels ihrer feministischer Qualitäten die gesamte Gesellschaft im positiven Sinne verändern können. Dabei besteht für Allen die Aufgabe zukünftiger feministischer Bewegungen darin, zum einen Macht als Ausdruck von Unterdrückungs- und Herrschaftsverhältnissen (vgl. Kley 2013: 210) zu überwinden und zum anderen, besonders in Abgrenzung zu den von ihr kritisierten einseitigen Ansätzen, darin, Macht nicht „allein als individuelle oder kollektive ‚Frauenmacht‘ bzw. Widerstand und Solidarität“ zu definieren (Kley 2013: 210), sondern vielmehr, gemäß einer kritischen Theorie von Macht „strive to illuminate not only domination and empowerment but also the complex interconnections between them“ (Allen 2008: 164). Daher müssen Machtverhältnisse ihr zufolge in all ihrer Tiefe und Komplexität analysiert werden. Wie sich diese Analyse äußert, lässt Allen offen. Besonderes Augenmerk legt sie hierbei auf die Verhältnisse „of domination and oppression that enslave human beings, block emancipation, and generate social crises and pathologies“ (Allen 2015: 514). Weiterhin nimmt Allen an, dass der kritisch-theoretische Gehalt von Macht motiviert ist von einem allgemeinen Interesse, die multiplen und sich kreuzenden Achsen von Herrschaft und Unterdrückung zu verstehen, zu kritisieren, herauszufordern, zu stürzen und letztendlich zu Fall zu bringen, die gegenwärtig westliche Gesellschaften belasten, inklusive Sexismus, Rassismus, Heterosexismus und Klassenunterdrückung: „This general motivation generates three more specific interests that critical theorists bring to the study of power. First is an interest in understanding domination and oppression in their multiple and intersecting forms. However, too narrow a focus on domination and oppression leads us to turn our attention away from the agency that dominated and oppressed individuals are able to exercise even in the face of or in opposition to their oppression. […]. […] we cannot understand empowerment in a vacuum, but must instead conceptualize it in relation to domination" (Allen 2015: 163–164).

Zwar wurde Marcuse von Holz (1968) dafür kritisiert, dass er offen lässt, wie sich die *Große Weigerung*, die Vorarbeit der *Great Society*, gestalten soll. Dabei weisen die von Allen vorgesehenen Schritte (Verständnis von Macht, Kritik der Macht, Herausfordern der Macht, Sturz der Macht, Fall der Macht) gen einer neuen Gesellschaft im Sinne der *Great Society*, weil diese auf Grundlage der Negation der alten Gesellschaft entstehen und durch aktive Teilnahme der Frauen erwachsen soll, während Marcuse einen neuen Typus Mensch für die *Great Society* vorsieht. Da aber Allens Schlussfolgerung aus den Schritten ein Tool-Kit ist, das im Folgenden näher beschrieben wird, beabsichtigt sie nicht primär eine Utopie im Sinne Marcuses.

Allen vertraut auf praktischer Ebene auf das Potenzial der Selbsttransformation der bürgerlichen Gesellschaft mittels „its contact with social movements such as the feminist movement" (Allen 2012: 823). Weiterhin gilt es Allen zufolge, *empowerment* für Frauen zu implementieren: „Once we conceive of power in relational terms, then not only does it no longer make sense to think of domination or oppression as a lack of some sort of stuff or good called power but it also no longer makes sense to think of empowerment as a process of gaining or acquiring that same stuff. […] empowerment must be understood in terms of social, cultural, economic, and political relations that foster and promote these same capacities" (Allen 2008: 165–166). Im Gegensatz zu Allen setzt Marcuse nicht auf die Hoffnung einer Selbsttransformation der Gesellschaft per se, sondern geht vielmehr von körperlich-kognitiv geprägten Prozessen in den Individuen aus. Hieraus entsteht zuerst ein Wehren gegen den Status quo, der dann in der Folge in ein Weigern gegen die staatliche Ordnung umschlägt.

Den Kern ihres Machtbegriffs zugunsten der Frauen bildet die Unterscheidung in Vorder- und Hintergrundperspektive[12], welche sich auf sämtlichen gesellschaftlichen Ebenen finden lassen – stets in Kombination mit Herrschaft, Solidarität und Widerstand (vgl. Kley 2013: 214). Allen bezieht die Hintergrundperspektive primär auf das Indivi-

12 Beide Perspektiven bedingen einander.

duum, sekundär haben insbesondere Institutionen die Absicht, gesellschaftlich solidarisches Denken und Handeln zu stärken, während Marcuse auf eine gesamtgesellschaftliche Besserung aus ist. Bezeichnend für die Vordergrundperspektive ist nach Allen, dass hier „konkrete Machtbeziehungen zwischen Individuen oder Gruppen“ sichtbar werden (Kley 2013: 214): „Aus dieser Perspektive kann z.B. eine bestimmte Herrschaftsbeziehung zwischen zwei Personen untersucht werden, aber auch *Widerstand* oder *Solidarität* [Hervorhebungen im Original]“ (Kley 2013: 214; vgl. Allen 1999: 130). Im Gegensatz dazu beleuchtet die Hintergrundperspektive das Individuum: „Hier geht es um Subjektpositionen, kulturelle Bedeutungen und Zuschreibungspraktiken, soziale Praktiken und Institutionen/Organisationen wie gesellschaftliche Strukturen, die soziale Ungleichheit und Ungerechtigkeit hervorbringen“ (Kley 2013: 215), konzentriert sich „on the background social conditions that allow these particular power relations to appear“ (Allen 1999: 130). Jene Hintergrundperspektive kann in fünf verschiedene Aspekte differenziert werden: Subjekt-Positionen, kulturelle Bedeutungen, soziale Praktiken, Institutionen und Strukturen (vgl. Allen 1999: 131). Mittels der Etablierung dieser Analyse-Perspektiven sollen Ansatzpunkte geschaffen werden, um Macht aus feministischer Perspektive zu verstehen und brechen zu können (vgl. Allen 1998: 37). So ist es möglich, eine Unterteilung der Perspektiven vorzunehmen, die entweder auf gesellschaftlichen Wandel abzielen, zum anderen auf der Ebene des konkreten Ausdrucks der sexuellen Befreiung des weiblichen Individuums sich befinden. In Hinblick auf die Institutionen hält Allen fest, dass die Machtverhältnisse aus patriarchaler Perspektive verstärkt und aufrecht erhalten werden, indem sie spezifische Verständnisse von Weiblichkeit und Männlichkeit billigen, alternativ können sie einzelne Praktiken unterstützen oder verbieten (vgl. Allen 1999: 134). Somit ist es an den sich formierten feministischen Solidargemeinschaften gelegen, diese umzugestalten. Nichtsdestotrotz erkennt Allen, dass es bereits Institutionen gibt, die Frauen unterstützend zur Seite stehen „to resist male domination“ (Allen 1999: 134).

Allen erkennt zwei Ansätze, nach denen Macht aus struktureller Perspektive analysiert werden kann: Der erste Ansatz erachtet Macht als „observed, *de facto* [Hervorhebung im Original] patterns of power distribution“ (Allen 1999: 134), während es dem zweiten Ansatz darum geht, dass „to analyze power from a structural perspective is to appeal to an explanatory framework that can illuminate or explicate the observed patterns of power relations that emerge as surface structures“ (Allen 1999: 135). Konkret sexuell befreiende Analyseaspekte von Macht finden sich bei Allen unter den Subjekt-Positionen subsumiert, deren Ziel es ist, „to highlight the constitutive role that power relations play in the formation of subject-positions that are available for individuals to occupy“ (Allen 1999: 131). Kulturelle Bedeutungen sind wichtig, um die Aufmerksmkeit auf „culturally hegemonic definitions [zu richten] and proposes alternate, subversive definitions that can then become resources for individual women who are attempting to resist male domination“ (Allen 1999: 132). Sie bezieht soziale Praktiken auf gelerntes Verhalten, welches durch stetiges Ausüben aufrecht erhalten bleibt und die Dominierenden in ihrem Handeln bestätigt (vgl. Allen 1999: 133). Allens Vorder- und Hintergrundperspektive entsprechen den Prozessen, die Marcuse unter der oben beschriebenen *Großen Weigerung* fasst: So eint die Begriffe Marcuses und Allens, dass die Erkenntnis (das Verständnis) der Macht alsbald in aktives Handeln (Wehren) umschlägt. Bei Marcuse finden sich die Kategorien Allens in der *Great Society* wieder, während dies für Allen noch unter die Vorarbeit hin zu einer frauenfreundlichen Gesellschaft fällt. So sieht Marcuse in der *Great Society* die Individuen von der einstigen Objektrolle in der modernen Industriegesellschaft nun in dem Stadium von Subjekten, die aktiv an der Umsetzung, und allen Widrigkeiten zum Trotz, eines gesellschaftlichen Gegenentwurfs arbeitet und somit andere, von den befreiten Menschen hervorgebrachte Institutionen und Organisationen voraussetzt. Die in der *Great Society* vorherrschenden sozialen Praktiken sind eine bewusste Negation des in der modernen Industriegesellschaft gelernten Verhaltens, um das Neue durchzusetzen. Allen hingegen lässt offen, wie es um die in der vorigen Gesellschaft erlernten Verhaltensmuster bestellt ist. Angesichts der hegemonialkritischen Grundhaltung ihres Tool-Kits ist aber davon auszugehen, dass Frauen gemeinsam dagegen ankämpfen und neue soziale Praktiken konstituieren. Im Rahmen der *Great Society* sieht Marcuse auch eine veränderte Auffassung des Kulturbegriffs vor, der sich in der Form des anderen Aussehens und eines anderen Verständnisses von Sexualität von der ehemals dominanten Auffassung abgrenzt, genauso verhält es sich bei

Allen, die sich hiervon ein Ende hegemonialer Dominanz verspricht. Statt einer wie von Marcuse geplanten gänzlich neu gestalteten Gesellschaft sieht Allen für Frauen eine Gewinnung von Raum vor, um sexuell befreit leben zu können. Ein weiterer Unterschied von Allens Ansatz besteht darin, dass das von ihr entworfene Tool-Kit *a priori* gesellschaftlich umfassend akzeptiert wird, während Marcuse aller Zuversicht zum Trotz mit Gegenwehr rechnet, die für die *Great Society* zur Gefahr werden könnten.

Weitere Analyseaspekte nach Allen, die eine sexuelle Befreiung begünstigen, können ihr zufolge sowohl vom Individuum als auch von einer Solidargemeinschaft erprobt werden. Hierzu dienen ‚power-over', ‚power-to' und ‚power-with': Sie bezieht ‚power-over' auf die Macht, welche Frauen gegenüber Männern erlangen sollen (vgl. Allen 1998: 33). Hier lässt sie offen, wie dies genau gelingen soll. Allen zufolge agieren Männer stets innerhalb eines Sets aus kulturellen, institutionellen und strukturellen Machtverhältnissen, welches ihnen zu ihrem Gunsten zuarbeitet (und für Frauen von Nachteil ist) (vgl. Allen 1999: 125). Der Begriff des ‚power-to' bleibt bei Allen unterdefiniert. Hierunter fasst sie die Fähigkeit des Individuums, „to attain an end or series of ends" (Allen 1998: 34). Unter ‚power-with' subsummiert Allen das gemeine Interesse feministischer Bewegungen, solidarisch miteinander zu stehen – auch in Verbindung mit anderen sozialen Bewegungen – „that we can formulate and achieve our goals" (Allen 1998: 35). Zuletzt kommt Solidarität bei Allen eine große Bedeutung zu, mittels derer, Herausfordern und Unterminieren vorausgegangen, letztendlich ein System der Macht umgestürzt wird (vgl. Allen 1999: 127). Ausdruck bei Marcuse finden diese machtbegünstigenden Punkte in der Durchsetzung der feministischen Qualitäten (Rezeptivität, Sensibilität, Ruhe und Freude).

5. Fazit und Ausblick

> *„Let me be your ruler (ruler)*
> *You can call me Queen Bee*
> *And baby I'll rule, I'll rule, I'll rule, I'll rule*
> *Let me live that fantasy"*
> [eigene Hervorhebung]
> (Lorde 2013)

Zusammenfassend lässt sich festhalten, dass der Mehrwert Marcuses für eine feministische Utopie darin besteht, dass er die gegenwärtige Gesellschaft analysiert, wonach diese totalitär, böse und menschenfeindlich ist, stets neue Verhältnisse der Abhängigkeit (vom Arbeitgeber) und Konsumbedürfnisse, und somit auch immer neue Zwänge, erzeugt. Dies hat zur Folge, dass die Menschen die fehlende Freiheit gar nicht wahrnehmen. Diese Arbeit zugunsten des Systemerhalts hat auch Auswirkungen auf Sexualität, Liebe und Partnerschaft: So ist die Sexualität ausschließlich genital, dient somit ausschließlich der Reproduktion (die Sexualität hat somit nicht mehr ihren vorindustriellen Zweck, als Menschen in Herden lebten und ein Matriarchat bestand (vgl. Marks 1970: 44–45)). Daneben ist es die einzige Funktion von Frauen in der modernen Industriegesellschaft, sexy und für den Mann sexuell verfügbar zu sein. Da dies den Menschen nicht die notwendige (emotionale) Erfüllung bringt, entsteht Aggression, die zwar Marcuse vorrangig im Aufkommen militärischer Gewalt sieht, aber in Rahmen von Beziehungen nicht a priori ausschließt. Zuletzt ist es in Anbetracht der täglichen Arbeitszeit den (heterosexuellen) Paaren nicht möglich, Zeit ‚füreinander' zu finden, worunter die Beziehungen der Menschen untereinander in Neid oder auch in Gewalt ausarten können. Neben der sexuellen hat die moderne Industriegesellschaft Marcuse zufolge auch eine politische Dimension in Gestalt von mangelnder Opposition und ‚Homogenisierung' der Gesellschaft. Ausgehend von dieser Analyse erkennt Marcuse ein Fluchtbedürfnis der Menschen aus den gesellschaftlichen, politischen und wirtschaftlichen Umständen, um die

Menschheit (und nicht bloß die Individuen) zu retten. Zwar hatten bisherige Revolutionen Marcuse zufolge auch schon eine Rettung beabsichtigt, sind allerdings gescheitert. Um eine neue Gesellschaft, die *Great Society*, durchsetzen zu können, bedarf es neuartiger Menschen, die zum einen die alte Gesellschaft negieren und zum anderen die besonderen Fähigkeiten von Frauen, die feministischen Qualitäten, als Heilmittel für eine bessere Gesellschaft erkennen und wertschätzen, welche durch die monotone und libidofeindliche Arbeit frei geworden sind. Hieraus erwächst in der Folge die *Große Weigerung* gegen das alte System per se, sowie eine (nicht näher von Marcuse beschriebene) Radikalität und eine Implementierung der *sensibility*, die vom Individuum ausgehende Bestimmung des eigenen Lebens. Ein weiterer Mehrwert der *Great Society* für die sexuelle Befreiung der Frau ist, dass hier die Menschen frei von Fremdbestimmung sind, frei mit ihrer Lust experimentieren können und nicht mehr zugunsten der modernen Industriegesellschaft aufopfern müssen (sondern nur gemäß ihrer eigenen Fähigkeiten arbeiten), wodurch sich auch die Lebensqualität erhöht.

Zwar weisen die beiden zur Analyse herangezogenen zeitgenössischen feministischen Utopie-Entwürfe für eine sexuelle Befreiung der Frauen Ähnlichkeiten zu Marcuses Überlegungen auf, jedoch überwiegen hier die Unterschiede. Die größten inhaltlichen Übereinstimmungen gibt es mit Blick auf die Gesellschaftsanalyse, wobei Marcuse hier konkreter ist und seine Analyse sich auf mehrere Dimensionen erstreckt. So geht Preciado von der von ihm abzuschaffenden heterozentristischen Weltordnung aus, nach welcher weibliche Körper in Lustzonen unterteilt sind und zur sexuellen Stimulation und Befriedigung des weißen, reichen und heterosexuellen Playboys dienen und Frauen wirtschaftlich und gesellschaftlich das Nachsehen haben. Demgegenüber gibt es in Allens Darstellung des Status‘ quo vielerlei Leerstellen, wenngleich sie die gegenwärtige Gesellschaft als ungerecht charakterisiert. Da sie aus dem Studium bisheriger Konzeptionen von Macht und Herrschaft gegenüber Frauen eine Einseitigkeit folgert, hat sie es sich zur Aufgabe gemacht, eine Anleitung zu entwickeln, mit deren Hilfe Frauen gesellschaftliche Macht erlangen und inne halten können. Nichtsdestotrotz besteht der von ihr vorgesehene erste Schritt darin, den Staus quo zu verstehen, um, darauf aufbauend, Kritik zu äußern, sodass am Ende das System dekonstruiert werden kann. Für den Übergang gibt es bei Preciado und Marcuse Einigkeit über den Grund für die Transformation, allerdings nicht hinsichtlich der gesellschaftlichen und kognitiven Prozesse und in der praktischen Durchführung. Die Einigkeit bezieht Preciado darauf, dass eine „Gleichwertigkeit" (Preciado 2003: 11) (im Unterschied zur Gleichartigkeit) aller gestiftet werden soll. Der größte Unterschied von Marcuse und Preciado liegt aber auf der Präferenz von Kognition und Praxis: Bei Marcuse überwiegt in Gestalt der *Großen Weigerung* die Kognition, während bei Preciado, in Form des Dildos und der Resexualisierung des Anus', der Kern auf der Praxis liegt.

Den größten Unterschied von Marcuse und Allen gibt es im Hinblick auf den Übergang gen Utopie: So sieht Allen auf Basis der Kritik und als Grundlage der Dekonstruktion ein Tool-Kit vor, welches erstens die gruppenspezifischen Interaktionen (Vordergrundperpektive), zweitens die individuellen Aspekte (Hintergrundperspektive, welche in sich noch fünf Unterkategorien hat) und drittens explizit für Frauen solidarisierend befreiende, aber unklar gefasste, Tools an die Hand reicht (power-over; power-to; power-with). Große Unterschiede gibt es auch mit Blick auf die ausgestaltete Sexualität in den konkreten Utopien (gesamtgesellschaftlich wie bei Marcuse der Fall sind Preciados und Allens Entwürfe nicht angelegt): So hat Preciado eine zeitaufwändige und schmerzvolle Sexualität vor Augen (und insofern die ehemalige Gesellschaft negiert), während es Allen bei den oben beschriebenen Tool-Kit belässt und auf Selbsttransformation vertraut.

Kurzum: Preciado sieht in der von ihm gestalteten Kontra-Sexualität einerseits im Sinne Marcuses eine Resexualisierung vor, andererseits zwingt er die Mitglieder zur Ausübung. Demgegenüber setzt Allen auf eine Rückbesinnung auf Solidarität unter Frauen und gibt ihnen einen reichen Instrumentenkasten mit auf den Weg, gegen patriarchale Strukturen zu kämpfen. Anstatt eine Utopie aufzuzeigen, leitet Allen vielmehr an, wie sich die Vorarbeit gen einer für Frauen herrschaftsfreien Zeit gestalten soll.

In der Summe besteht der feministisch Mehrwert Marcuses Utopie darin, dass er konkrete Verbesserungen in Gestalt einer Utopie aufzeigt, den Individuen persönliche und sexuelle Freiheiten zugesteht und Frauen verstärkt in die Gesellschaft integriert. Demnach bestünde für Frauen auch heutzutage die Hoffnung, sich der männlichen Dominanz zu entsagen und ihre eigenen (sexuellen) Bedürfnisse auszuleben: „As womyn [sic!] begin to experiment with power, learn methods to unite and exchange, to give and take, we are a danger to the status quo. […]. Since our personal power is more evolved than men's (probably as a result of oppression, mothering, double-triple culturing) and our sexual power less numbered (while we weren't being educated to run the fuck and horde feelings)" (Gowens 1993: 10). In der Folge soll es Frauen möglich sein, die innehabende Macht zu akzeptieren: „During traditional sex and masturbation, fantasies of power and powerlessness are often important props. They help persuade our bodies to give up power or take it. The fantasies are based on patriarchal definition of power i.e. to have power is to dominate/use; to be powerless is to be humiliated/used" (Gowens 1993: 11). Falls das Verständnis von weiblicher Sexualität im Stile *Fifty Shades of Grey*s aufrecht erhalten bleibt, hat dies zur Folge, dass es „keine Liebes-, Erregungs- und Sexualkultur [mehr gibt], die den Namen verdient. […]. Wir entscheiden uns, Vernunft, Arbeit und Besitz zu unseren Helden zu machen. Sie sind die Kontrahenten erotischer Sinnlichkeit und sexueller Triebhaftigkeit" (Sigusch; Weber 2017).

Die vorliegende Arbeit ist bedeutsam für weitere Forschung, weil hier erstmals ein auf Basis von Primär- und Sekundärliteratur entwickelter Begriff der sexuellen Befreiung der Frau nach Marcuse vorliegt, welcher zudem seine wichtigsten Werke auf einen Begriff hin vereint und auch anschlussfähig für einen neuen Forschungsstrang sein kann: Feministische Utopie-Theorie. Bisherige Utopie-Entwürfe der Sozialwissenschaft haben die feministische Dimension konsequent verkannt: So argumentieren Popper und Talmon, Tower Sargent zufolge, dass Utopien „depictions of perfect, unchanging societies [seien] based on reason and that, therefore, they were impossible and inhuman and that to put them into efect would require violence" (Tower Sargent 2012: 19). Darüber hinaus sehen Utopien in den meisten Fällen eine bessere, keine perfekte Gesellschaft vor (vgl. Tower Sargent 2012: 20). Aus marxistischer Sicht ist das Problem, wie Sławeks aufzeigt, dass „the predicament of utopia lies in its freezing the ‚better' which loses its dynamic character of the open-ended process" (Sławek 2012: 49). So erlauben ihm zufolge Utopien, die Gegenwart zu kritisieren, „which is constructed ideologically so that we accept as unchangeable things that benefit specific groups. Utopia suggests that change for the better is always possible, and we need to believe in that possibility" (Tower Sargent 2012: 22). Diese Kritik an Werten und Vorschriften ist, wie eingangs verdeutlicht, derzeit aus feministischer Sicht, in Anbetracht männlicher Vormachtstellung auf sexueller, politischer, gesellschaftlicher und wirtschaftlicher Ebene notwendiger denn je. So besteht die Absicht von Utopien darin, den Unterdrückten Hoffnung zu geben „and does not wish to abandon the belief in the centrality of politics in the life of human society" (Sławek 2012: 51). Zwar gibt es derzeit utopische Momente mit Blick auf Anti-Sexismus-Kampagnen, Body Positive-Aktionen und ähnliches, „and they are certainly better than nothing, but if that is all there, we may be in real trouble" (Tower Sargent 2012: 22). Das Problem von Utopien ist allerdings, dass sie beabsichtigen, über „happiness and truth [zu bestimmen] as well as produce an adequate legal and political system to secure the implementation of these definitions" (Sławek 2012: 41).

Zwar mag Marcuses Verständnis von Frauen auf den ersten Blick einem traditionell konservativen Verständnis entsprechen, weil er emotional orientierte weibliche Stigmata reproduziert, allerdings sind diese Qualitäten der Inbegriff des Widerstandes gegen eine traditionelle Gesellschaftsordnung: So bereitet Rezeptivität den Boden für etwas (radikal) Neues und richtet sich gegen ein menschenfeindliches Produktionsverständnis. Frauen bringen Ruhe in die Gesellschaft, die zuvor von Aggression, Brutalität und Ausbeutung geprägt war. Dies ist für sich genommen nicht nur für die Beziehungen der Menschen untereinander von Vorteil, wenn dies durch die erhöhte Wertschätzung von Frauen der gesamten Gesellschaft zugute kommt, sondern auch der Natur, ohne welche eine Befreiung der Menschen nicht möglich ist (vgl. Farr 2009: 108; auch: vgl. Marcuse 1971: 227; zitiert nach Jansen 2002). Diesem (radikalem) Verständnis folgend meint Ruhe eine allgemeine Entschleunigung, wenn sich alle Menschen gemäß ihrer Fähigkeiten einbringen, aber auch die Zeit, mit der eigenen sexuellen Lust zu experimentieren und sich von dem Zwang der Reproduktion zu entsagen. Reimut Reiches Verständnis von Sensibilität hierauf angepasst, hieße dies, dass mittels Frauen die Erkenntnis kam, gemeinschaftlich in der Gesellschaft zu leben (und nicht jeder nur um sich selbst bedacht ist) und eine „Beziehung zur Umwelt"[13] (Reiche 1968: 438; zitiert nach Kraushaar 1998a) zu entwickeln. Zwar sieht Marcuse darüber hinaus in der *Great Society* eine Bestrafung der Männer für das gegenüber Frauen in der modernen Industriegesellschaft erlittene Unrecht, Ausbeutung und Unterdrückung vor, allerdings beabsichtigt er keine Rückkehr in ein Matriarchat (die zu vorindustriellen Zeiten bestand), sondern vielmehr ‚das Beste aus allen Welten' (keine Feudalordnung, aber Beibehaltung kapitalistischer Errungenschaften), das insbesondere Frauen in der gesamten Gesellschaft zuzuführen.

Wie eingangs aufgezeigt, besteht Anschlussfähigkeit zu weiteren Forschungsthemen: Derzeit beschränkt sich der Diskurs um die sexuell befreiende Wirkung von safe spaces auf die LGBTQI-Community, die sich hier frei von Anfeindungen und Dominanz wissen können (vgl. Fox; Ore 2010: 630). Dabei sind auch, wie in der Einleitung aufgezeigt, heterosexuelle Frauen Belästigung, sexueller Gewalt, Sexismus und Diskriminierung ausgesetzt. Daher sind an allen Orten sozialer Interaktion, etwa Clubs, Universitäten und öffentlichen Einrichtungen, safe spaces unverzichtbar, um Betroffenen Sicherheit und Schutz garantieren zu können. In der Folge kann es, mittels diesem künstlich geschaffenen Zufluchtsort „for all of us who are considered outcasts" (Fox; Ore 2010: 632), zu einem veränderten Bewusstsein und zu einer Sichtbarmachung von Problemen kommen (vgl. Fox; Ore 2010: 630). Diese Notwendigkeit täuscht aber nicht darüber hinweg, dass mit safe spaces die heteronormative Ordnung aufrecht erhalten wird: „safe space discourse continues to operate within a normalizing gaze of a white, masculinist, middle-class subject, rendering queer subjectivity in a most simplistic and reductive manner and producing an illusionary ‚safety'" (Fox; Ore 2010: 631).

Eine Alternative zu den klassischen safe spaces, wie sie mitunter schon in Clubs zu finden sind, stellt die Party-Reihe *hoe_mies* dar, wenngleich sich diese primär an die LGBTQI-Community richtet. Die Idee des Veranstalters ist es, „einen Raum innerhalb von Hip-Hop zu schaffen, der sich Frauen* und genderqueeren Personen of Color widmet. [...]. [...], wir buchen nur unsere eigene Community" (Brülls

13 Wie oben betont, bezieht sich Umwelt sowohl auf die Interaktion der Menschen untereinander, als auch im ökologischen Sinne.

2018). Hinter dem Namen steht die Überlegung, „sich Begriffe anzueignen, die uns kontrollieren oder schaden. […]. Wir dachten uns: Schluss damit, wir dürfen uns nicht diktieren lassen, wie wir zu leben haben, wie wir uns sexuell auszudrücken haben" (Brülls 2018). Sicherheit sollen hier safe guards vermitteln, die bei Übergriffen eingreifen (vgl. Brülls 2018).

Die gesellschaftliche Problemlösungskompetenz des klitoralen Orgasmus' besteht darin, dass hierbei die Lust der Frau im Mittelpunkt steht und mittels dieser Wiederentdeckung der weiblichen Libido (vgl. Sherfey 1974: 220) die Widerstandsqualitäten, von denen bereits Marcuse sprach, der gesamten Gesellschaft nützen. Ferner können die von Marcuse ausgezählten Qualitäten um Selbstbewusstsein ergänzt werden. Von diesen verbesserten Umständen profitieren in der Folge auch Männer, die Frauen zuliebe auf die für den männlichen Orgasmus notwendige vaginale Reibung (vgl. Nolte 2004), stattdessen drückt sich im klitoralen Orgasmus die emotionale (intimisierte) Wertschätzung der Frau aus. Wie bereits Koedt betont, ist die Vagina zu einem eigenständigen Orgasmus nicht in der Lage: „Das sensitive Körperorgan ist vielmehr die Clitoris, sie ist die weibliche Entsprechung zum Penis des Mannes" (Koedt 1968; zitiert nach Frauenzentrum Berlin 1974: 1). Da dies lange vernachlässigt wurde, manifestierte sich Sexualität dahingehend, dass es männlichen Vorstellungen entspricht: „Anstatt unsere eigene Biologie zu untersuchen, werden wir mit dem Mythos von der ‚befreiten Frau und ihrem vaginalen Orgasmus' gefüttert; einem Orgasmus, der in Wirklichkeit gar nicht existiert" (Koedt 1968; zitiert nach Frauenzentrum Berlin 1974: 2). Gut zehn Jahre zuvor entdeckten der Gynäkologe William H. Masters und die Wissenschaftlerin Virginia Johnson, dass die Klitoris für die sexuelle Lust der Frau verantwortlich ist, nichtsdestotrotz ist es wichtig, beim Koitus, den gesamten weiblichen Körper einzubeziehen (vgl. Moeller-Gambaroff 1977: 22): „This emphasis on anatomy and function worked to establish a notion of natural female sexuality" (Musser 2012: 6).

Anne Koedt argumentiert, dass der vaginale Orgasmus das männliche Ego und die Vormachtstellung gegenüber Frauen symbolisiert (vgl. Musser 2012: 12–13). Demgegenüber haben Frauen im Rahmen der klitoralen Stitumation die Möglichkeit, Kontrolle „of our lives and our bodies [zu übernehmen] that men – through the laws, customs, and other institutions of a male-ruled society – had appropriated" (Shulman 1980: 596–597). Daneben betont sie „the potential of the clitoris to undermine the century-long story experts had told about women's essential dependency on men and the penis for sexual and emotional fulfillment" (Gerhard 2000: 466). Hieraus folgert Koedt unter anderem, dass sich Frauen gegen bestimmte, vaginal-zentrierte Sexstellungen (vgl. Koedt 1968; zitiert nach Frauenzentrum Berlin 1974: 2) genauso wehren müssen, wie gegen das Vorspiel, das lediglich den Männern dient „und das zum Nachteil der Frauen arbeitet, da der Mann, sobald die Frau erregt ist, zur vaginalen Stimulation über geht, und er somit sie erregt und unbefriedigt zurückläßt" (Koedt 1968; zitiert nach Frauenzentrum Berlin 1974: 5), aber auch gegen die Aufrechterhaltung traditioneller Rollenbilder (vgl. Koedt 1968; zitiert nach Frauenzentrum Berlin 1974: 5). Vielmehr ist es aus Koedts Sicht wichtig, dass Frauen eigenständig in ihrer Sexualität und auch in der Lage sind, sexuelle Wünsche und Vorlieben zu äußern: „Koedt argues for radical sexual reform that would prioritize women's true sexual fulfillment (clitoral orgasm) instead of defining female sexuality in terms of male pleasure and autonomy" (Greenspan 2015: 120). Weiter gedacht, erwächst hieraus sexuelle Befreiung im Sinne Marcuses (wenngleich hier keine *Great Society* am Ende steht, so doch die von Marcuse vorgesehene Bestrafung von Männern für das erlebte Unrecht der Frauen). Koedt selbst sieht allerdings, dass aus dieser sexuellen Praktik folgt, Frauen als vollwertige Personen wahrzunehmen (vgl. Koedt 1968; zitiert nach Frauenzentrum Berlin 1974: 11) und nun Frauen echten sexuellen Genuss erleben können, anstatt Orgasmen vorzutäuschen: „Koedt's defense of clitoral orgasm is in the service of mutuality and egalitarian access to sexual enjoyment within the heterosexual couple" (Greenspan 2015: 120). In der Folge haben es Frauen nicht mehr nötig, sich Vorgaben der Männer zu unterwerfen und weder sich selbst noch ihrem (heterosexuellen) Partner etwas vormachen müssen, und sie stattdessen zu ihren eigenen Gefühlen stehen können (vgl. Sherfey 1974: 55).

Sexuell befreiend ist abschließend auch Polyamorie, weil Frauen dieser Lebenseinstellung zufolge autonom über ihre Bedürfnisse bestimmen können und davon ausgehen, dass eine Person nicht allein die Mannigfaltigkeit der Gelüste und Bedürfnisse bedienen kann (vgl.

Fischer 2004: 60), welche nicht allein auf Sexualität begrenzt sein müssen (vgl. Nobel 2016). Der Vorteil gegenüber traditionell monogamen Beziehungen ist, dass diese Regeln unterstehen (vgl. Nobel 2016). Bei polyamorösen Beziehungen wissen die Beteiligten, dass es im Leben des jeweils anderen noch weitere Beziehungsbeteiligte gibt, die allerdings andere Bedürfnisse zu erfüllen wissen (vgl. Nobel 2016). Weitere Unterschiede zu traditionellen monogamen Beziehungen sind, dass polyamoröse Beziehungen stark auf Offenheit „about her sexual behavior, desires, and identity, without apologies" (Fischer 2004: 60) setzen. Diese Beziehungen sind auf eigene Art romantisch, emotional und sexuell und es bestehen ernstgemeinte und emotionale Übereinkommen, wie sich die Beziehung gestalten soll (vgl. Nobel 2016). Daneben gibt es in der Polyamorie kein besser, nur ein anders, was die Bedürfniserfüllung eines anderen Menschen angeht; Beziehungen werden Nobel zufolge vielfach aus dem Grund aufgekündigt, weil diese Person nicht mehr im Leben gewünscht ist (vgl. Nobel 2016). Leitgedanke ist zudem die stetige Austauschbarkeit von Personen und die spezifische Bedürfnisorientierung, für welche keine Verpflichtungen bestehen.

6. Literaturverzeichnis

Unbekannter Autor (1975): „Was ist Weiblichkeit?" Protokoll zur Diskussion Münchener Frauengruppen mit Herbert Marcuse – Über Marcuses Aufsatz ‚Marxismus und Feminismus', Starnberg Juli 1974". In: Schwarze Protokolle Nr. 11. S. 122–127

Unbekannter Autor (1996): Gespräche mit Herbert Marcuse. Frankfurt am Main: Edition Suhrkamp

Unbekannter Autor (ohne Jahr): „Weiblichkeitsbilder". Gesprächsteilnehmer: Herbert Marcuse, Silvia Bovenschen, Marianne Schuller. ohne Jahr In: Unbekannter Autor (1996): Gespräche mit Herbert Marcuse. Frankfurt am Main: Edition Suhrkamp. S. 65–87

Unbekannter Autor (1975): „Die Salecina-Gespräche". Gesprächsteilnehmer: Herbert Marcuse, Erica Sherover, Berthold Rothschild, Theo Pinkus. In: Unbekannter Autor (1996): Gespräche mit Herbert Marcuse. Frankfurt am Main: Edition Suhrkamp. S. 91–116

Agger, Ben (1979): „The Growing Relevance of Marcuse' Dialectic of Individual and Class". In: Dialectical Anthropology 4. S. 135–145

Agger, Ben (1982): „Marcuse's Freudian Marxism". In: Dialectical Anthropology 6. S. 319–336

Agger, Ben (1988): „Review Essay: Marcuse's ‚One-Dimensionality': Socio-Historical and Ideological Context". In: Dialectical Anthropology 13. S. 315–329

Allen, Amy (1998): „Rethinking Power". In: Hypatia 13. S. 21–40

Allen, Amy (1999): The Power of Feminist Theory. Domination, Resistance, Solidarity. Boulder: Westview Press

Allen, Amy (2008): „Power and the Politics of Difference: Oppression, Empowerment, and Transnational Justice". In: Hypatia 23. S. 156–172

Allen, Amy (2012): „The Public Sphere: Ideology and/or Ideal?". In: Political Theory 40. S. 822–829

Allen, Amy (2015): „Emancipation without Utopia: Subjection, Modernity, and the Normative Claims of Feminist Critical Theory". In: Hypatia 30. S. 513–529

Amendt, Günter (1989): Sexfront. Erweiterte Neuausgabe. Reinbek: Rowohlt Taschenbuch Verlag GmbH

Aronowitz, S. (2015): „Against Orthodoxy: Social Theory and Its Discontent. New York: Palgrave Macmillian

Bergmann, Anna (1997): „Sexualhygiene, Rassenhygiene und der rationalisierte Tod. Wilhelm Reichs sexuelle Massenhygiene und seine Vision einer ‚freien' Sexualität". In: Fallend, Karl; Nitsche, Bernd (Hg.) (1997): Der ‚Fall' Wilhelm Reich. Beiträge zum Verhältnis von Psychoanalyse und Politik. Frankfurt am Main: suhrkamp taschenbuch wissenschaft. S. 270–296

Behrens, Roger (2000): Übersetzungen-Studien zu Herbert Marcuse. Konkrete Philosophie, Praxis und kritische Theorie. Mainz: Ventil Verlag

Benicke, Jens (2016): Autorität und Charakter. Wiesbaden: Springer Fachmedien

Bittorf, Wilhelm (1988a): „Träume im Kopf, Sturm auf den Straßen". In: Spiegel-Verlag Rudolf Augstein GmbH&Co. KG (Hg.) (1988): Spiegel-Spezial. Die wilden 68er. Hamburg: Spiegel-Verlag Rudolf Augstein GmbH & Co. KG. S. 5–17

Bittorf, Wilhelm (1988b): „‚Wir schrien unsere Wut heraus'". In: Spiegel-Verlag Rudolf Augstein GmbH & Co. KG (Hg.) (1988): Spiegel-Spezial. Die wilden 68er. Hamburg: Spiegel-Verlag Rudolf Augstein GmbH & Co. KG. S. 18–28

Briehl, Marie H. (1966): „Helene Deutsch. The Maturation of Woman". In: Alexander, Franz; Eisenstein, Samuel; Grotjahn, Martin (Hg.) (1966): Psychoanalytic Pioneers. New York: Basic Books, Inc. S. 282–298

Brown, Linda (1975): „Dialog: Millet & Marcuse". In: Off Our Backs 5. S. 20–21

Brown, Timothy Scott (2013): West Germany and the Global Sixties. Cambridge: Cambridge University Press

Butollo, Florian; Kufterath, Philipp; Schalauske, Jan (2008): „40 Jahre 1968. Die Rolle des SDS. Eine Organisation in Bewegung". In: Supplement der Zeitschrift Sozialismus (2008). S. 1–33

Coole, Diana (1998): „Master narratives and feminist subversions". In: Good, James; Velody, Irving (Hg.): The Politics of Postmodernity. Cambridge: Cambridge University Press. S. 107–125

Coole, Diana (2015): „Emancipation as a Three-Dimensional Process for the Twenty-First Century". In: Hypatia 30. S. 530–546

Dahmer, Helmut (1982): Libido und Gesellschaft. Studien über Freud und die Freudsche Linke. Frankfurt am Main: Suhrkamp Taschenbuch Verlag

Das, Arpita (2014): „The Dildo as a Transformative Political Tool: Feminist and Queer Perspektives". In: Sexuality & Culture 18. S. 688–703

Ehmsen, Stefanie (2008): „Der halbe Weg zur Hälfte des Himmels. Vier Jahrzehnte Neue Frauenbewegung". In: Blätter für deutsche und internationale Politik 53. S. 91–99

Eidelberg, Paul (1969): „The Temptation of Herbert Marcuse". In: The Review of Politics 31. S. 442–458

Fahs, Breanne; Swank, Eric (2013): „Adventues with the ‚Plastc Man': Sex Toys, Compulsory Heterosexuality and the Politics of Women's Sexual Pleasure". In: Sexuality & Culture 17. S. 666–685

Farr, Arnold L. (2009): Critical Theory and Democratic Vision. Herbert Marcuse and Recent Liberation Philosophies. Lanham: Lexington Books

Fischer, Kathryn (2004): „positives of polyamory". In: Off Our Backs 34. S. 59–60

Flego, Gvozden (1992): „Erotisieren statt sublimieren". In: Institut für Sozialforschung (Hg.) (1992): Kritik und Utopie im Werk von Herbert Marcuse. Frankfurt am Main: Suhrkamp Verlag. S. 187–200

Fopp, Rodney (2010): „‚Repressive Tolerance': Herbert Marcuse's Exercise in Social Epistemology". In: Social Epistemology 24. S. 105–122

Fox, Catherine O.; Ore, Tracy E. (2010): „(Un-)Covering Normalized Gender and Race Subjectivities in LGBT ‚Safe Spaces'". In: Feminist Studies 36. S. 629–649

Fraser, Nancy (1987): „Women, Welfare and The Politics of Need Interpretation". In: Hypatia 2. S. 103–121

Fraser, Nancy (1994): Widerspenstige Praktiken. Macht, Diskurs, Geschlecht. Frankfurt am Main: edition suhrkamp

Fraser, Nancy (2001): Die halbierte Gerechtigkeit. Schlüsselbegriffe des postindustriellen Sozialstaats. Frankfurt am Main: edition suhrkamp

Fraser, Nancy; Hrubec, Marek (2004): „Towards Global Justice: An Interview with Nancy Fraser". In: Czech Sociological Review 40. S. 879–889

Fraser, Nancy (2013a): Fortunes of Feminism. From State-Manages Capitalism to Neoliberal Crisis. London: Verso

Fraser, Nancy (2013b): „Neoliberalismus und Feminismus: Eine gefährliche Liaison". In: Blätter für deutsche und internationale Politik 58. S. 29–31

Frauenzentrum Berlin (Hg.) (1974): 1. Frauenraubdruck: Frauenstaat und Männerstaat von M. und M. Vaerting und Mythos vom vaginalen Orgasmus von Anne Koedt. Berlin: Selbstverlag

Koedt, Anne (1968): „Der Mythos vom vaginalen Orgasmus". In: Frauenzentrum Berlin (Hg.) (1974): 1. Frauenraubdruck: Frauenstaat und Männerstaat von M. und M. Vaerting und Mythos vom vaginalen Orgasmus von Anne Koedt. Berlin: Selbstverlag. S. 1–15

Fuchs, Christian (2003): Herbert Marcuse interkulturell gelesen. Nordhausen: Verlag Traugott Bautz GmbH

Furth, Peter; Marcuse, Herbert (1966): „Emanzipation der Frau in der repressiven Gesellschaft. Ein Gespräch mit Herbert Marcuse". In: Das Argument. Berliner Hefte für Politik und Kultur 4. S. 2–12

Gerhard, Jane (2000): „Revisiting ‚The Myth of the Vaginal Orgasm': The Female Orgasm in American Sexual Thought and Second Wave Feminism". In: Feminist Studies 26. S. 449–476

Gillen, Gabriele (2007): „Das Wunder der Liebe. Eine kleine Geschichte der sexuellen Revolution". In: Cohn-Bendit, Daniel; Dammann, Rüdiger (Hg.) (2007): 1968. Die Revolte. Frankfurt am Main: S. Fischer Verlag GmbH. S. 109–138

Gimenez, Martha E. (2005): „Capitalism and the Oppression of Women: Marx Revisited". In: Science & Society 69. S. 11–32

Girkinger, Michael (2007): Mensch und Gesellschaft in der frühen Tiefenpsychologie. Politik bei Sigmund Freud, Alfred Adler und Wilhelm Reich. Marburg: Tectum Verlag

Glaeser, Bernhard (1970): „Arbeit und Freiheit bei Herbert Marcuse". In: Zeitschrift für philosophische Forschung 24. S. 589–596

Gowens, Pat (1993): „Sensual Exchange to empower women and topple male supremacy". In: Off Our Backs 23. S. 10–11; 34

Greenspan, Rachel (2015): „‚I'll Have What She's Having'. Fake Orgasm, Affection, and Other S(t)imulations". In: The Comparatist 39. S. 116–134

Hark, Sabine (2013): „Feministische Theorie heute: Die Kunst, ‚Nein' zu sagen". In: Feministische Studien 21. S. 65–71

Hecken, Thomas (2006): Gegenkultur und Avantgarde. 1950–1970. Situationisten, Beatniks, 68er. Tübingen: Narr Francke Attempto Verlag GmbH + Co. KG

Heider, Ulrike (2014): Vögeln ist schön. Die Sexrevolte von 1968 und was von ihr bleibt. Berlin: Rotbuch Verlag

Herman, Luc; Weisenburger, Steven (2013): Gravity's Rainbow, Domination, and Freedom. Athen: University of Georgia Press

Holz, Hans Heinz (1968): „Der Irrtum der ‚Großen Weigerung'. Zu Herbert Marcuses kritischer Theorie der Industriegesellschaft". In: Blätter für deutsche und internationale Politik 8. S. 46–61

Hyman, Edward J. (1988): „Eros and Freedom: The Critical Psychology of Herbert Marcuse". In: Pippin, Robert et al. (Hg.) (1988): Marcuse. Critical Theory & The Promise of Utopia. South Hadley: Begin & Garvey Publishers, Inc.. S. 143–166

Jansen, Peter-Erwin (1990): „Kritischer Theoretiker der Emanzipation: Herbert Marcuse". In: Jansen, Peter-Erwin (Hg.) (1990): Befreiung denken – Ein politischer Imperativ. Ein Materialienband zu einer politischen Arbeitstagung über Herbert Marcuse. 2. erweiterte Auflage. Offenbach: Verlag 2000. S. 25–31

Jansen, Peter-Erwin (Hg.) (1999): Herbert Marcuse. Nachgelassene Schriften. Band 1: Das Schicksal der bürgerlichen Demokratie. Lüneburg: Dietrich zu Klampen Verlag GbR Marcuse, Herbert: „Jenseits des Eindimensionalen Menschen" (1965). In: Jansen, Peter-Erwin (Hg.) (1999): Herbert Marcuse. Nachgelassene Schriften. Band 1: Das Schicksal der bürgerlichen Demokratie. Lüneburg: Dietrich zu Klampen Verlag GbR. S. 67–80

Jansen, Peter-Erwin (Hg.) (2002): Herbert Marcuse. Nachgelassene Schriften. Band 3: Philosophie und Psychoanalyse. Lüneburg: Dietrich zu Klampen Verlag GbR

Marcuse, Herbert: „Revolutionäre Erotik. Ein Gespräch mit Herbert Marcuse" (1971). In: Jansen, Peter-Erwin (Hg.) (2002): Herbert Marcuse. Nachgelassene Schriften. Band 3: Philosophie und Psychoanalyse. Lüneburg: Dietrich zu Klampen Verlag GbR. S. 215–233

Jennings Walstedt, Joyce (1976): „Beyond Freud: Towards a New Psychotherapy for Women". In: Frontiers: A Journal of Women Studies 1. S. 1–9

Julka, K.L. (1979): „Herbert Marcuse's Messianic Humanism: Politics of the New Left". In: Social Scientist 7. S. 13–23

Kateb, George (1970): „The Political Thought of Herbert Marcuse". In: Commentary 49. S. 48–63

Kauders, Anthony D. (2011): „Drives in Dispute: The West German Student Movement, Psychoanalysis, and the Search for a New Emotional Order, 1967–1971". In: Central European History 44. S. 711–731

Kley, Christine (2013): „Intersektionalität, Macht und Herrschaft. Eine Diskussion der Ansätze von Amy Allen und Gudrun-Axeli Knapp". In: Kallenberg, Vera; Meyer, Jennifer; Müller, Johanna M. (Hg.) (2013): Intersectionality und Kritik. Wiesbaden: Springer Fachmedien. S. 197–213

Konrad, Sandra (2018): Das beherrschte Geschlecht. Warum sie will, was er will. München: Piper Verlag GmbH

Körbitz, Ulrike (1997): „Zur Aktualität sexualpolitischer Aufklärung im postsexuellen Zeitalter". In: Fallend, Karl; Nitsche, Bernd (Hg.) (1997): Der ‚Fall' Wilhelm Reich. Beiträge zum Verhältnis von Psychoanalyse und Politik. Frankfurt am Main: suhrkamp taschenbuch wissenschaft. S. 249–269

Küenzlen, Gottfried (1994): Der Neue Mensch. Zur säkularen Religionsgeschichte der Moderne. München: Wilhelm Fink Verlag

Kraushaar, Wolfgang (Hg.) (1998a): Frankfurter Schule und Studentenproteste. Von der Flaschenpost zum Molotowcocktail, 1946–1995. Band 2: Dokumente. Hamburg: Rogner & Bernhard GmbH & Co. Verlags KG

Dutschke, Rudi (1967c): „Zum Verhältnis von Organisation und Emanzipationsbewegung – Zum Besuch Herbert Marcuses". Oberbaumblatt vom 12. Juli 1967, 1. Jg. Nr. 5, S. 1 und S. 4–6. In: Kraushaar, Wolfgang (Hg.) (1998a): Frankfurter Schule und Studentenproteste. Von der Flaschenpost zum Molotowcocktail, 1946–1995. Band 2: Dokumente. Hamburg: Rogner & Bernhard GmbH & Co. Verlags KG. S. 255–260

Marcuse, Herbert (1967g): „Professoren als Staatsregenten?". Der Spiegel vom 21. August 1967, 20. Jg., Nr. 35, S. 112–118. In: Kraushaar, Wolfgang (Hg.) (1998a): Frankfurter Schule und Studentenproteste. Von der Flaschenpost zum Molotowcocktail, 1946–1995. Band 2: Dokumente. Hamburg: Rogner & Bernhard GmbH & Co. Verlags KG. S. 280–284

Reiche, Reimut (1968): „Verteidigung der ‚neuen Sensibilität'". Abendroth, Wolfgang et al. (Hg.): Die Linke antwortet Jürgen Habermas, Frankfurt am Main 1968, S. 90–103. In: Kraushaar, Wolfgang (Hg.) (1998a): Frankfurter Schule und Studentenproteste. Von der Flaschenpost zum Molotowcocktail, 1946–1995. Band 2: Dokumente. Hamburg: Rogner & Bernhard GmbH & Co. Verlags KG. S. 433–440

Marcuse, Herbert (1968f): „Revolutionäres Subjekt und Autonomie". Vortrag auf der Sommeruniversität Korčula zum Thema ‚Marx und die Revolution', 1970, S. 165–171. In: Kraushaar, Wolfgang (Hg.) (1998a): Frankfurter Schule und Studentenproteste. Von der Flaschenpost zum Molotowcocktail, 1946–1995. Band 2: Dokumente. Hamburg: Rogner & Bernhard GmbH & Co. Verlags KG. S. 453–455

Aktionsrat zur Befreiung der Frau (1968): „Resolutionsentwurf für die 23. Delegiertenkonferenz des Sozialistischen Deutschen Studentenbundes. Flugblatt vom 13. September 1968. Archivalische Sammlung Wolfgang Kraushaar am Hamburger Institut für Sozialforschung. Akte SDS-Delegiertenkonferenzen. In: Kraushaar, Wolfgang (Hg.) (1998a): Frankfurter Schule und Studentenproteste. Von der Flaschenpost zum Molotowcocktail, 1946–1995. Band 2: Dokumente. Hamburg: Rogner & Bernhard GmbH & Co. Verlags KG. S. 456–457

Marcuse, Herbert (1968h): „Welche Chancen hat die Revolution?". Pardon, 7. Jg., Nr. 12, Dezember 1968, S. 70–77. In: Kraushaar, Wolfgang (Hg.) (1998a): Frankfurter Schule und Studentenproteste. Von der Flaschenpost zum Molotowcocktail, 1946–1995. Band 2: Dokumente. Hamburg: Rogner & Bernhard GmbH & Co. Verlags KG. S. 488–494

Marcuse, Herbert (1969f): „Der Zwang, ein freier Mensch zu sein". Twen, 11. Jg., Nr. 6, Juni 1969, S. 105–109. In: Kraushaar, Wolfgang (Hg.) (1998a): Frankfurter Schule und Studentenproteste. Von der Flaschenpost zum Molotowcocktail, 1946–1995. Band 2: Dokumente. Hamburg: Rogner & Bernhard GmbH & Co. Verlags KG. S. 643–648

Marcuse, Herbert (1969i): „‚Revolution aus Ekel'". Der Spiegel vom 28. Juli 1969, 23. Jg., Nr. 31, S. 103–106. In: Kraushaar, Wolfgang (Hg.) (1998a): Frankfurter Schule und Studentenproteste. Von der Flaschenpost zum Molotowcocktail, 1946–1995. Band 2: Dokumente. Hamburg: Rogner & Bernhard GmbH & Co. Verlags KG. S. 655–660

Marcuse, Herbert (1970a): „‚Ich habe nie behauptet, daß der Kapitalismus krisenfest ist'". Sozialistische Correspondenz-Info vom 21. März 1970, Nr. 38/39, S. 5f. In: Kraushaar, Wolfgang (Hg.) (1998a): Frankfurter Schule und Studentenproteste. Von der Flaschenpost zum Molotowcocktail, 1946–1995. Band 2: Dokumente. Hamburg: Rogner & Bernhard GmbH & Co. Verlags KG. S. 720–721

Marcuse, Herbert (1972a): „‚Dieser Terror ist konterrevolutionär'". Konkret vom 15. Juni 1972, 18. Jg., Nr. 13, S. 15. In: Kraushaar, Wolfgang (Hg.) (1998a): Frankfurter Schule und Studentenproteste. Von der Flaschenpost zum Molotowcocktail, 1946–1995. Band 2: Dokumente. Hamburg: Rogner & Bernhard GmbH & Co. Verlags KG. S. 758–759

Marcuse, Herbert (1974b): „Zu ‚Marxismus und Feminismus'". Links-Interview vom 29. Juni 1974, 6. Jg., Nr. 60, November 1974, S. 9. In: Kraushaar, Wolfgang (Hg.) (1998a): Frankfurter Schule und Studentenproteste. Von der Flaschenpost zum Molotowcocktail, 1946–1995. Band 2: Dokumente. Hamburg: Rogner & Bernhard GmbH & Co. Verlags KG. S. 784–787

Kraushaar, Wolfgang (Hg.) (1998b): Frankfurter Schule und Studentenproteste. Von der Flaschenpost zum Molotowcocktail, 1946–1995. Band 3: Aufsätze und Kommentare. Hamburg: Rogner & Bernhard GmbH & Co. Verlags KG

Steffen, Mona (1998): „SDS, Weiberräte, Feminismus?". In: Kraushaar, Wolfgang (Hg.) (1998b): Frankfurter Schule und Studentenproteste. Von der Flaschenpost zum Molotowcocktail, 1946–1995. Band 3: Aufsätze und Kommentare. Hamburg: Rogner & Bernhard GmbH & Co. Verlags KG. S. 126–140

Lipshires, Sidney (1974): Herbert Marcuse: From Marx to Freud and Beyond. Cambridge: Schekman Publishing Company

MacKinnon, Catharine A. (Hg.) (1987): Feminism Unmodified. Discourses on Life and Law. Cambridge: The Belknap Press of Harvard University Press

MacKinnon, Catharine A.: „Desire and Power" (1983). In: MacKinnon, Catharine A. (Hg.) (1987): Feminism Unmodified. Discourses on Life and Law. Cambridge: The Belknap Press of Harvard University Press. S. 46–63

MacKinnon, Catharine A. (1989): „Sexuality, Pornography, and Method: Pleasure under Patriarchy". In: Ethics 99. S. 314–346

MacKinnon, Catharine A. (Hg.) (2005): Women's Lives, Men's Laws. Cambridge: The Belknap Press of Harvard University Press

MacKinnon, Catharine A.: „Law in the Everyday Life of Women" (1993). In: MacKinnon, Catharine A. (2005): Women's Lives, Men's Laws. Cambridge: The Belknap Press of Harvard University Press. S. 32–44

MacKinnon, Catharine A.: „Toward a New Theory of Equality" (1994). In: MacKinnon, Catharine A. (Hg.) (2005): Women's Lives, Men's Laws. Cambridge: The Belknap Press of Harvard University Press. S. 44–57

MacKinnon, Catharine A.: „Reflexions on Sex Equality Under Law" (1991). In: MacKinnon, Catharine A. (Hg.) (2005): Women's Lives, Men's Laws. Cambridge: The Belknap Press of Harvard University Press. S. 116–151

MacKinnon, Catharine A.: „Does Sexuality Have a History?" (1990). In: MacKinnon, Catharine A. (Hg.) (2005): Women's Lives, Men's Laws. Cambridge: The Belknap Press of Harvard University Press. S. 269–276

MacKinnon, Catharine A. (Hg.): Are Women human? And other International Dialogues. Cambridge: The Belknap Press of Harvard University Press, 2006

MacKinnon, Catharine A.: „On Torture" (1990). In: MacKinnon, Catharine A. (2006): Are Women human? And other International Dialogues. Cambridge: The Belknap Press of Harvard University Press. S. 17–27

MacKinnon, Catharine A.: „Equality Remade. Violence Against Women" (1991). In: MacKinnon, Catharine A. (Hg.) (2006): Are Women human? And other International Dialogues. Cambridge: The Belknap Press of Harvard University Press. S. 105–112

MacKinnon, Catharine A. (Hg.) (2017): Butterfly Politics. Cambridge: The Belknap Press of Harvard University Press

MacKinnon, Catharine A. (1980): „To Change the World for Women". In: MacKinnon, Catharine A. (Hg.) (2017): Butterfly Politics. Cambridge: The Belknap Press of Harvard University Press. S. 11–22

Maines, Rachel P. (1999): The Technology of Orgasm. ‚Hysteria', the Vibrator, and Women's Sexual Satisfaction. Baltimore: The Johns Hopkins University Press

Marcuse, Herbert im Interview mit Günther Busch (1967): „Ist die Idee der Revolution eine Mystifikation? Herbert Marcuse antwortet auf vier Fragen". In: Kursbuch 9. S. 1–6

Marcuse, Herbert (1968a): Triebstruktur und Gesellschaft. Frankfurt am Main: Suhrkamp Verlag

Marcuse, Herbert (1968b): „Repressive Toleranz". In: Wolff, Robert Paul; Moore, Barrington; Marcuse, Herbert (Hg.) (1968b): Kritik der reinen Toleranz. Frankfurt am Main: Edition Suhrkamp. S. 91–128

Marcuse, Herbert (1969a): Der eindimensionale Mensch. Studien zur fortgeschrittenen Industriegesellschaft. Neuwied: Hermann Luchterhand Verlag GmbH

Marcuse, Herbert (1969b): „Befreiung von der Überflussgesellschaft". In: Kursbuch Nr. 16. S. 185–198

Marcuse, Herbert (1969c): Ideen zu einer kritischen Theorie der Gesellschaft. Frankfurt am Main: Edition Suhrkamp

Marcuse, Herbert (1973): Konterevolution und Revolte. Frankfurt am Main: Suhrkamp Verlag

Marcuse, Herbert (1975) (Hg.): Zeit-Messungen. Frankfurt am Main: Edition Suhrkamp

Marcuse, Herbert: „Marxismus und Feminismus" (1974). In: Marcuse, Herbert (1975) (Hg.): Zeit-Messungen. Frankfurt am Main: Edition Suhrkamp. S. 9–20

Marcuse, Herbert (1984): Aufsätze und Vorlesungen: 1948–1969. Versuch über die Befreiung. Frankfurt am Main: Suhrkamp Verlag

Marcuse, Herbert: „Versuch über die Befreiung" (1969). In: Marcuse, Herbert (1984): Aufsätze und Vorlesungen: 1948–1969. Versuch über die Befreiung. Frankfurt am Main: Suhrkamp Verlag. S. 237–317

Marcuse, Herbert (1992): „Ecology and the Critique of Modern Society". In: Capitalism Nature Socialism 3. S. 29–48

Marks, Robert W. (1970): The Meaning of Marcuse. New York: Ballantine Books, Inc.

Mitchell, Juliet (1985): Psychoanalyse und Feminismus. Freud, Reich, Laing und die Frauenbewegung. Frankfurt am Main: Suhrkamp Taschenbuch Verlag

Moeller-Gambaroff, Marina (1977): „Emanzipation macht Angst". In: Kursbuch Nr. 47. S. 1–26

Möll, Marc-Pierre (2004): „Kulturkritik von Herbert Marcuse. Totalitarismustheoretisches Denken von links". In: Aufklärung und Kritik 10. S. 5–13

Musser, Amber Jamilla (2012): „on the orgasm of the species: female sexuality, science and sexual difference". In: Feminist Review Nr. 102. S. 1–20

Neill, R.B. (1975): „Character, Society & The Politics Of Hope: A Comparative Look at the Theories of Wilhelm Reich, Erich Fromm and Herbert Marcuse". In: Humboldt Journal of Social Relations 2. S. 36–48

Nobel, Hana (2016): „Take It from a Monogamist: Polyamorists Do It Better". Veröffentlicht über: Medium, 19.04.2016

Nölle, Rolf (2004): Sozialphilosophische Variablen. Individuum und Gesellschaft bei Horkheimer/Adorno, Marcuse, Popper und Gehlen. Münster: Verlagshaus Monsenstein und Vannerdat

Ott, Ulrich; Pfäfflin, Friedrich (Hg.) (1998): PROTEST! Literatur um 1968. Eine Ausstellung des Deutschen Literaturarchivs in Verbindung mit dem Germanistischen Seminar der Universität Heidelberg und dem Deutschen Rundfunkarchiv im Schiller-Nationalmuseum Marbach am Neckar

Kupferberg, Tuli: „Fuck You" (1969). In: Ott, Ulrich; Pfäfflin, Friedrich (Hg.) (1998): PROTEST! Literatur um 1968. Eine Ausstellung des Deutschen Literaturarchivs in Verbindung mit dem Germanistischen Seminar der Universität Heidelberg und dem Deutschen Rundfunkarchiv im Schiller-Nationalmuseum Marbach am Neckar, 1998. S. 239

Pérez Freire, Silvia (2013): „Testosteronic Gadgets: The ‚new' Technology of Orgasm applied to Sex Toys". In: Sociology and Technoscience 3. S. 57–71

Preciado, Beatriz (2003): Kontrasexuelles Manifest. Berlin: b_books

Preciado, Beatriz (2014): Pornotopia. Architektur, Sexualität und Multimedia im ‚Playboy'. Berlin: Wagenbach

Radt, S.L. (1974): „Zu Aristophanes' ‚Lysistrate'". In: Mnemosyne 27. S. 7–16

Rajewsky, Xenia (1981): „Die zweite Natur – Feminismus als weibliche Negation?". In: Claussen, Detlev (Hg.) (1981): Spuren der Befreiung – Herbert Marcuse. Ein Materialienbuch zur Einführung in sein politisches Denken. Darmstadt: Hermann Luchterhand Verlag GmbH. S. 250–260

Reiche, Reimut (1970): Sexualität und Klassenkampf. Zur Abwehr repressiver Entsublimierung. Frankfurt am Main: Verlag Neue Kritik KG

Robinson, Paul A. (1969): The Freudian Left. Wilhelm Reich, Geza Roheim, Herbert Marcuse. New York: Harper & Row Publishers

Roedig, Andrea (2013): „Unterm Spaß riecht es nach Angst. Wie der Feminismus seinen Sex verlor". In: polar Nr. 14. S. 27–32

Rose, Brad (1990): „The Triumph of Social Control? A Look at Herbert Marcuse's One Dimensional Man, 25 Years Later". In: Berkeley Journal of Sociology 35. S. 55–68

Roth, Roland (1985): Rebellische Subjektivität. Herbert Marcuse und die neuen Protestbewegungen. Campus Verlag

Schlaeger, Hilke (Hg.) (1988): Mein Kopf gehört mir. Zwanzig Jahre Frauenbewegung. München: Verlag Frauenoffensive, 1988

Sander, Helke (1968): „Rede des Aktionsrates zur Befreiung der Frauen, gehalten auf der 23. Delegiertenkonferenz des Sozialistischen Deutschen Studentennbundes (SDS) im September 1968 in Frankfurt". In: Schlaeger, Hilke (Hg.) (1988): Mein Kopf gehört mir. Zwanzig Jahre Frauenbewegung. München: Verlag Frauenoffensive, 1988. S. 12–22

Schmidtke, Michael A. (1999/ 2000): „Cultural Revolution or Cultural Shock? Student Radicalism and 1968 in Germany". In: South Central Review 16/17. S. 77–89

Schmied-Kowarzik, Wolfdietrich (1989): „Die ‚menschliche Natur'. Zum Naturbegriff bei Herbert Marcuse". In: Flego, Gvozden; Schmied-Kowarzik, Wolfdietrich (Hg.) (1989): Herbert Marcuse – Eros und Emanzipation. Marcuse-Symposium 1988 in Dubrovnik. Giessen: Germinal Verlag. S. 251–275

Schneider, Michael (1974): „Neurosis and Class Struggle: Toward a Pathology of Capitalist Commodity Society". In: New German Critique Nr. 3. S. 109–126

Schneider, Peter (1969): „Die Phantasie im Spätkapitalismus und die Kulturrevolution". In: Kursbuch Nr. 16. S. 1–37

Schmincke, Imke (2015): „Sexualität als ‚Angelpunkt der Frauenfrage'? Zum Verhältnis von sexueller Revolution und Frauenbewegung". In: Bänziger, Peter-Paul et al. (Hg.) (2015): Sexuelle Revolution? Zur Geschichte der Sexualität im deutschsprachigen Raum seit den 1960er Jahren. Bielefeld: transcript Verlag. S. 199–222

Schoolman, Morton (1980): The Imaginary Witness. The Critical Theory of Herbert Marcuse. New York: The Free Press

Selesnick, Sheldon T. (1966): „Alfred Adler. The Psychology of Inferiority Complex". In: Alexander, Franz; Eisenstein, Samuel; Grotjahn, Martin (Hg.) (1966): Psychoanalytic Pioneers. New York: Basic Books Inc.. S. 78–86

Sethness Castro, Javier (2016): Eros and Revolution. The Critical Philisophy of Herbert Marcuse. Boston: Brill

Siegfried, Detlef (2018): 1968. Protest, Revolte, Gegenkultur. Ditzingen: Philipp Reclam jun. GmbH & Co. KG

Sherfey, Mary Jane (1974): Die Potenz der Frau. Wesen und Evolution der weiblichen Sexualität. Köln: Verlag Kiepenhauer &Witsch

Shulman, Alix Kates (1980): „Sex and Power: Sexual Bases of Radical Feminism". In: Signs 5. S. 590–604

Sławek, Tadeusz (2012): „Utopia of Apocalypse: Thinking Which Changes the World". In: Blaim, Arthur; Cruszewska-Blaim, Ludmiła (Hg.) (2012): Spectres of Utopia. Theory, Practice, Conventions. Frankfurt am Main: Peter Lang GmbH. S. 35–58

Stokowski, Margarete (2016): Untenrum frei. Hamburg: Rowohlt Verlag GmbH

Veneracion-Rallonza, Lourdes (2014): „Women's naked body protest and the Performance of resistance: Femen and Meira Paibi protest against rape". In: Philippine Political Science Journal 35. S. 251–268

Tower Sargent, Lyman (2012): „Theorizing Utopia/Utopianism in the Twenty-First Century". In: Blaim, Arthur; Cruszewska-Blaim, Ludmiła (Hg.) (2012): Spectres of Utopia. Theory, Pracice, Conventions. Frankfurt am Main: Peter Lang GmbH. S. 13–26

Voigts, Hanning (2010): Entkorkte Flaschenpost. Herbert Marcuse, Theodor W. Adorno und der Streit um die Neue Linke. Münster: LIT Verlag

Wesel, Uwe (2002): Die verspielte Revolution. 1968 und die Folgen. München: Karl Blessing Verlag GmbH

Wiatr, Jerzy J.; Mins, Henry F. (1970): „Herbert Marcuse: Philosopher of a Lost Radicalism". In: Science & Society 34. S. 319–330

Wolf, Naomi (1994): Fire with Fire. The New Female Power and How It Will Change the 21st Century. London: Vintage

Zekri, Sonja (2017): „Brief einer Leserin (20)". In: Kursbuch Nr. 192. S. 8–11

Onlinequellen

Unbekannter Autor (2015): „Zehn Feministinnen, die mehr zu sagen haben als Alice Schwarzer". In: Edition F vom 26.03.2015. Politik. URL: https://editionf.com/zehn-feministinnen-alice-schwarzer (19.08.2018)

Unbekannter Autor (2016): „'You can do anything': Trump brags on tape about using fame to get women". In: The Guardian. US News. URL: https://www.theguardian.com/us-news/2016/oct/07/donald-trump-leaked-recording-women (15.08.2018)

Biermann, Wolf: „Warte nicht auf bessere Zeiten" (1974). In: Jugendopposition in der DDR (1996). URL: https://www.jugendopposition.de/node/150101?guid=283 (22.08.2018)

Brülls, Maike (2018): „‚Wir buchen nur unsere eigene Community'". In: die tageszeitung vom 02.08.2018. Gesellschaft. URL: https://www.wiso-net.de/document/TAZ__T20180208.5520689 (09.08.2018)

Lorde (2013): „Royals". In: Songtexte.com. Lorde. URL: https://www.songtexte.com/songtext/lorde/royals-43adbf7f.html (22.09.2018)

Molina, Ángela (2016): „Llamadme Paul". In: El País. Reportaje. URL: https://elpais.com/elpais/2016/01/27/eps/1453910313_124066.html (25.07.2018)

Nabert, Alexander (2018): „Dutschke und das Attentat". In: Jungle World 13/2018. S. 16. URL: https://jungle.world/artikel/2018/13/dutschke-und-das-attentat (10.04.2018)

Nolte, Anke (2004): „Sexprobleme bei Frauen haben meist seelische Ursachen". In: Berliner Morgenpost vom 21.08.2004
Magazin. URL: https://www.wiso-net.de/document/BMP__11414156 (09.08.2018)

Schmidt, Birgit (2017): „„In der Vagina herrscht Einöde"". In: Neue Züricher Zeitung vom 27.10.2017. S. 54. Gesellschaft. URL: https://www.wiso-net.de/document/NZZ__20171027022574270O (01.11.2017)

Stokowski, Margarete (2017): „Fürchtet euch ruhig". In: Der Spiegel vom 22.07.2017. S. 46. Essay Deutschland. URL: https://www.wiso-net.de/domcument/SPIE_COCESCO-SP-2017-030-7054%7CTSPI_CODESCO-SP-2017-030-7054 (29.07.2017)

U2 (2009): „Unknown Caller". In: U2. Discography. Lyrics. URL: https://www.u2.com/lyrics/183 (20.08.2018)

Sigusch, Volkmar; Weber, Silke (2018): „„Es gibt so viele Geschlechter, wie es Menschen gibt"". In: Zeit Campus, Heft 1/2018, S. 48 vom 05.12.2017
URL: https://www.wiso-net.de/document/ZTCS__EA7C776B610A456059D4B3458FCE6E9C (10.12.2017)

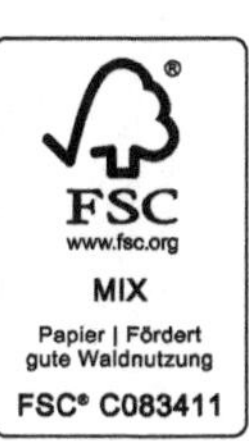

Zeitfracht Medien GmbH
Ferdinand-Jühlke-Straße 7
99095 Erfurt, Deutschland
produktsicherheit@kolibri360.de